新版
初歩の心理学

堤 幸一

大学教育出版

目 次

目 次 ………………………………… 1

序 章 ………………………………… 5
　【Demo】心理学常識チェック ……………… 5

第1章　心理学とは何か ……………… 9
　第1節　心理学とは ……………………… 9
　　1．心理学の定義 ……………………… 9
　　2．心理学の目的 ……………………… 9
　第2節　心理学の研究法 ………………… 10
　　1．行動研究の接近法 ………………… 10
　　2．心理学の研究法 …………………… 11
　第3節　心理学の歴史 …………………… 12
　　1．近代心理学成立以前 ……………… 12
　　2．近代心理学の成立 ………………… 13
　　3．近代心理学の流れ ………………… 13
　第4節　現代心理学の研究分野 ………… 15

第2章　知　覚 ……………………… 17
　第1節　知覚とは ………………………… 17
　　1．知覚の定義 ………………………… 17
　　2．環境の二重性 ……………………… 17
　第2節　知覚の成立 ……………………… 18
　　1．モダリティ（感覚様相） …………… 18
　　2．刺激強度 …………………………… 18
　　3．順応 ………………………………… 19
　　4．注意・構え ………………………… 19
　第3節　精神物理学 ……………………… 19

1．ウェーバーの法則 ………………………… 19
　　　2．フェヒナーの法則 ………………………… 20
　第4節 錯視と群化の法則 ……………………… 20
　　　1．錯視 ………………………………………… 20
　　　2．ゲシュタルトの群化の法則 ……………… 22
　第5節 運動知覚 ………………………………… 22
　　　1．仮現運動 …………………………………… 23
　　　2．誘導運動 …………………………………… 23
　　　3．自動運動 …………………………………… 23
　第6節 奥行知覚 ………………………………… 24
　　　1．視感覚からの手掛かり …………………… 24
　　　2．視感覚以外の手掛かり …………………… 24
　【デモ実験】 主観的等価値の測定 …………… 27

第3章 学 習 …………………… 29
　第1節 学習とは ………………………………… 29
　　　1．学習の定義 ………………………………… 29
　　　2．学習成立の理論 …………………………… 29
　第2節 連合説 …………………………………… 30
　　　1．試行錯誤説 ………………………………… 30
　　　2．古典的条件づけ説 ………………………… 30
　　　3．オペラント条件づけ説 …………………… 32
　第3節 認知説 …………………………………… 35
　　　1．洞察説 ……………………………………… 35
　　　2．サイン−ゲシュタルト説 ………………… 35
　　　3．観察学習説 ………………………………… 36

第4章 記 憶 …………………… 39
　第1節 記憶とは ………………………………… 39
　第2節 記憶の諸相 ……………………………… 39
　　　1．感覚記憶 …………………………………… 39

2．短期記憶　……………………………………　40
　　3．長期記憶　……………………………………　41
　第3節　再現過程　……………………………………　42
　　1．検索　…………………………………………　42
　　2．再構成　………………………………………　43
　第4節　忘却の理論　…………………………………　43
　　1．エビングハウスの忘却曲線　………………　43
　　2．忘却原因の諸学説　…………………………　44
　【デモ実験】　感覚記憶の測定　……………………　46
　【デモ実験】　カテゴリー手掛かりの効果　………　47

第5章　発　達　……………………………　49
　第1節　発達とは　……………………………………　49
　　1．発達の定義　…………………………………　49
　　2．発達段階と発達課題　………………………　49
　　3．成長速度曲線　………………………………　49
　第2節　ヒトの新生児の特殊性　……………………　51
　　1．新生児の分類　………………………………　51
　　2．ヒトの新生児の養育の注意点　……………　52
　第3節　発達の理論　…………………………………　53
　　1．単独要因重視の理論　………………………　53
　　2．単純加算を考えた理論　……………………　55
　　3．相互作用を重視する理論　…………………　56
　第4節　愛着の形成　…………………………………　56
　　1．条件づけ説　…………………………………　56
　　2．接触欲求説　…………………………………　57
　　3．相互作用説　…………………………………　58

第6章　人　格　……………………………　59
　第1節　人格とは　……………………………………　59
　　1．人格の定義　…………………………………　59

2．人格の構造　………………………… 59
　第2節　人格理解の方法　………………………… 60
　　1．類型による理解法（類型論）　………………… 60
　　2．特性による理解法（特性論）　………………… 61
　　3．精神分析による理解　………………… 62
　第3節　人格検査　………………………… 62
　　1．心理検査と人格検査　………………… 62
　　2．心理検査の満たすべき基準　………………… 62
　第4節　人格検査の分類　………………………… 63
　　1．質問紙法　………………………… 63
　　2．作業検査法　………………………… 64
　　3．投影法　………………………… 65
　第5節　適応　………………………… 67
　　1．適応とは　………………………… 67
　　2．自我防衛機制　………………………… 67
　　3．精神障害の分類　………………… 68
　第6節　心理療法　………………………… 69
　　1．精神分析療法　………………… 69
　　2．来談者中心カウンセリング　………………… 70
　　3．行動療法　………………………… 70

　【デモ実験】　エゴグラムの測定　………………… 72

参考・引用文献　………………………… 74

事項索引　………………………… 76

人名索引　………………………… 80

レポートシート　………………………… 81

- 4 -

序　章

　　皆さんは，なぜ心理学を受講されたのだろうか．自分や他人をもっと知ることができるのではという興味から？あるいは高校までの学科目にはない目新しさのせいだろうか．中にはすでに何冊かの心理学の本を読んだが，自分の疑問に対する解答がもっと欲しいという方もあるかもしれない．また，易しそうだから楽に単位を取れるのではという甘い考えを持った方もいそうである．

　　さてこの心理学という講義科目は，ほとんどの大学・短期大学で開設されており，またかなり多くの学生（少なくとも全体の半数以上）がこれを履修している．我が就実短期大学でも平均75％以上である．

　　ではなぜこれほど人気が高いのだろうか．実際に受講の動機を調査してみると，もちろん千差万別ではあるが，そこには共通性も感じられる．過去の受講生達の持っていた心理学のイメージの多くは心という言葉から連想されたものであり，それらは実際の心理学研究の対象や知見とは必ずしも同じではない．むしろ多くの場合は，誤解と呼べるものなのである．どうやら人気の高さの背景にはこれらの誤解が関連しているらしい．

　　そこで，まずは皆さんの持っている心理学的常識をチェックしてみよう．あまり考えすぎずに答えて欲しい．

【Demo】　　　心理学常識チェック

次の文が正しいと思えば○，誤っていると思えば×を番号の前に記入せよ．

[　] ① 心理学とは，人の心を読み取る学問である．
[　] ② 黄色がみえるのは，黄色の光が眼に到達したときだけである．
[　] ③ 運動していない物体が，動いているように見えることはない．
[　] ④ 報酬を毎回受ける習慣ほど，忘れにくい．
[　] ⑤ 動機が強いほど，難しい課題もうまくできるようになる．
[　] ⑥ 記憶した後，寝てしまう方が，起きている時よりも忘れやすい．
[　] ⑦ 赤ちゃんは，生後数週間はものが見えない．
[　] ⑧ 赤ちゃんは，授乳や世話をしてもらうので母親に愛着を持つ．
[　] ⑨ 性格は，生まれつきのもので変わらない．
[　] ⑩ 血液型で性格がわかる．

実は前ページの常識チェック問題の正解は，すべて×である．なかには意外に思われる質問もあるかもしれない．説明はどれも本文内容に含まれているので，なぜそう言えるのかについては，詳しくは全体の流れの中で理解して欲しいと思う．従ってここでは，関連する章の内容の紹介を兼ねて，常識チェックの正解とごく簡単な解説，および著者の見解を述べることにする．

1．心理学とは

① 最もポピュラーな誤解は「心理学の先生と話すと，心の中がわかってしまうようで恐い」とか，「心理学を習えば，人の心が読めるようになるのでしょう？」といったものである．これは心理学をいわゆる読心術のように思っていることの表われであろう．

そんな心配は御無用，あるいは残念でした．なぜならば，心理学とは特定の相手の心を読み取ることを目的とした学問ではないからである．心理現象の法則性を研究すると言うことは，人間一般が比較的共通に示す現象についてなされる．つまり，あくまでも統計的な法則であって，特定の個人の心理にそのまま当てはまるというわけではない．しかも個人差が大きいこともヒトの特徴であって，それ自体もまた心理学の研究対象である．

第1章では，実際の心理学が何を目指し，どんな方法で，何の研究をしているのか，いわば科学的心理学の正しい常識を解説する．背景の心理学史も簡単に触れる．

2．知る

②・③ 我々は感覚を通じて外界を知る（これを知覚という）．そして見た通り感じた通りに外界がなっていると信じているが，実は我々の見ているものと実際の外界は必ずしも同じではない．②は色覚の主観性の問題，③は仮現運動の問題として知られている．物が何色に見えるのかは光の物理的特性だけでなく色を感じる仕組の特性が強く関連している．また類似した刺激を適切な時間だけずらして異なる位置に提示してやると，それらは別々に現れた刺激ではなくて運動して見える．これが仮現運動現象であり，映画やテレビのアニメーションの動作原理である．

第2章では，視覚を中心にした知覚の法則性，奥行き知覚と運動知覚，錯視を解説する．そして【デモ実験】として主観的等価値の測定を行ない，心理学の実験の雰囲気に触れてもらう．

3．学ぶ

④・⑤ 我々は経験を通じて新しい行動を学んで行く（これを学習という）．日常的な習慣の獲得も学校教育における教科の勉強もすべて学習の働きである．そして我々は自分達なりに学習のこつを持っていることが多い．例えば英単語の暗記は…，鉄棒の逆上がり

のこつは…といった具合である．しかし実際どのように学習がなされているのか，どうやるのが本当に効果的なのかは意外に知られていない．

④は強化の配置の問題で，報酬は毎回与えるよりも，むしろときどき与える方が習慣を長く維持することが知られている．ギャンブルがなかなか止められないのは，たいていは負けるけれど，ときどきは儲けがあるからである．また⑤は最適動機づけについての問題で，「学習に最適の動機づけの強さは，課題の困難度が増すにつれて減少する」というヤーキーズ・ドッドソンの法則が知られている．つまりスポーツ選手によく見られる，大会の規模によって受けるプレッシャーが異なる現象はその典型である．

第3章では，学習成立についての理論を軸に，条件づけの仕組，認知学習，観察学習などの基礎概念と実験例を解説する．

4．覚える

⑥　学習同様に記憶も，我々の日常的な行動の多くの部分に欠かせない重要な機能であると言える．学校教育における勉強を考えれば，そのほとんどが記憶によることが分る．しかし記憶とは何なのか，どのように記憶されるのか，なぜ忘れるのかなど多くの知識は，学習原理同様知られていない．従ってそれらを知ることは実用的な意義もある．

⑥は忘却の理論に関する干渉説についての問題である．忘却は起きているときよりも寝ているときの方が少ないことが知られている．

第4章では，記憶の仕組，記憶段階における法則性，そして忘却理論について解説する．【デモ実験】として感覚記憶の測定と記憶に及ぼす手掛かりの効果を体験する．

5．育つ

⑦・⑧　発達は教育とも密接に関連していて，発達に関する正しい見方と知識を持つことは科学的な教育，保育，育児に欠かせない．ところが発達心理学者のバウアーを代表とする近年の乳幼児研究は，赤ちゃんに対して従来我々が持っていた常識がかなり間違っていることを教えてくれた．

⑦は新生児の能力の問題，⑧は社会的発達（社会化）の基本となる愛着形成の要因の問題である．新生児は感覚機能を含めて驚くべき能力を持っていることが知られている．むしろ発育に従って不要な感度が減退して行くようにすら見える．乳幼児研究の第一人者ブラゼルトンによれば，新生児は単にものが見えるだけでなく，目の前に提示された赤いボールを積極的に追視するという．またボウルヴィによれば，愛着は単に授乳や世話をされることだけで成り立つのではなく，むしろ赤ちゃんの側からの積極的な働きかけに，養育者が応答的に対処するという相互作用を通じて形成されるという．

第5章では，発達の概念，発達理論を軸にして，特に発達初期（乳幼児期）の意義と

愛着形成の問題に触れる．

6．性格とは

⑨・⑩　受講生に見られる誤解のうち，読心術イメージと同じくらい多いのは，性格に関する誤解・疑問である．これには，「自分の性格が嫌いなのだが直るだろうか」とか，「心理学は血液型占いとかをやるのでしょう」といったものがある．

⑨はまさにその性格についての問題で，⑩は血液型判断や占いとの関連についての設問である．結論は，時間はかかるが性格の表層を変えることは可能である．それから血液型に関してだが，現時点では性格との関連性（例えば性格と血液型，気質と血液型との関連性）は心理学的には認められていない．むしろ否定的なデータのほうが圧倒的である．しかもそのような遺伝的に決定されるとする，類型的な性格診断法には弊害が多いと考えている．さらに占いと心理学は関係ない．強いていえば（著者の個人的見解であるが），占いに頼りがちな人間の性格には心理学的興味が持てるというところである．

第6章では，人格（性格）理論，人格の測定として人格検査とその実例，および不適応と心理療法に関した臨床心理学的な基礎知識に触れる．【デモ実験】としてエゴグラムの測定を行なう．

さて，皆さん自身の常識チェックの結果はいかがだったろうか．過去の受講生達の結果を調査してみると，彼らの持っている常識は驚くほど誤解に満ちている．これは，心理学に素人であっても心に関連する独自の判断規則を各自経験的に身につけているということ，そしてそれは必ずしも科学的でないことを示しているのだろう．

そのためこれからの講義では，心理学ではなぜそのように考えるのか，そしてそれはどんな研究のどんな結果からいえるのかに注意しながら見ていって欲しい．知らずに身についてしまった誤解を解きほぐせるはずである．

最後に．たぶん皆さんの期待していたイメージと，実際の心理学は違っているだろう．しかし実際の心理学も非常に面白い．その考え方と証明の仕方，知識自体も面白い．デモなども必ず実際にやってみていただき，ぜひこの面白さの一端に触れてもらえればと思う．拙著がその一助になれば幸いである．

1993年3月3日　　　　　　　　　　　　　　　　　　堤　幸一

第1章　心理学とは何か

心理学とは，行動の理解を目指す比較的新しい科学である．
第1章では，心理学がなぜ行動研究をするようになったのか．またそのためにどんな考え方と方法で研究を行っているのか．さらに近代心理学の成立から現代心理学までどんな主張がなされてきて，現在は何をしているのかについても触れる．

第1節　心理学とは

1．心理学の定義

心理学（ Psychology ）とは，人および動物の行動（behavior）の科学である．行動の科学というと奇妙な印象を受けるかもしれない．もちろん心理学は，心（psyche）の学問（logos）というその名前通りに，心の法則の確立を目指してはいる．しかしながら，心は直接取り扱うことが困難であるために，より客観的な取扱いが可能となる行動そのものを，直接の研究対象とするようになってきたのである（→1章3節　心理学の歴史）．

それでは，行動を対象として何が分かるのだろう．我々は日常生活において，親や友人，同僚や子どもとさまざまな関わり合いを持っている．その際，相手の意図や気持ちをどのように知るのだろうか．中心になるのは，まず言葉である．また乳児の意図のように言葉では知ることはできないものは，それ以外の表情や仕草，態度といった言語外情報から得ている．入手したそれらの情報を，自分の心についての知識に基づいて分析し，相手の心を類推している．

たとえば，子どもが「お腹が空いた」といえば，母親はその言葉および表情などの情報と，その前いつ食事したか，そのときどのくらい食べたかという情報とを総合してあまり空腹ではないだろうと判断し，「もうじきご飯だから，我慢しましょう」といった反応をする訳である．このように，我々は日常当たり前のこととして，相手の行動に基づき心・意図の判断を行なっている．心理学は同様の判断を，より体系的かつ客観的に行なっているにすぎない．

2．心理学の目的

行動の科学としての心理学が目指すのは，行動の理解すなわち行動の法則の確立である．ここでいう行動とは，少し詳しく言うと，先に挙げたような日常的に見られる生体のふるまい（話すとか食べるとか）だけを指すのではなくて，もっと広い意味の生体の反応

すべてを指す．小さなものでは，繰り返される刺激に対する神経細胞の感受性の変化や特定のパターンの刺激の時のみ興奮を示す神経細胞群（unit）の活動も行動であり，分子的行動と呼ばれる．一方では，誕生から死に至るまでの生体の発達や，集団としての活動も行動であり，総体的行動と呼ばれる．これらさまざまな水準の行動のそれぞれに対して，以下に挙げるような段階を通じてその理解を目指しているのである．

(1) 行動の記述・法則の確立

観察や実験を通じて，行動自体の性質や特性を明らかにする．そして仮説を立て検証し法則性を導き出す．例えば，ある年齢に適切な行動を知ることで，効果的な教育ができる．正常な行動の特徴を知れば，行動異常の適切な診断ができるなど．

(2) 行動の予測

立てられた仮説に基づいて特定の条件下の行動を推測する．行動異常の発現のメカニズムが分れば，ストレス対処による予防ができる，あるいは購買行動に関する法則が確立すれば，商品イメージの分析から販売量を予測できるなど．

(3) 行動の制御

法則に基づいて行動をコントロールする．環境の妨害的な要素を制限して，精密な作業に必要な注意の集中を確保したり，薬物依存や喫煙などの不適切な習慣を学習理論に基づいて止めさせたりできるなど．

第2節 心理学の研究法

1．行動研究の接近法

生体の行動は非常に複雑であるため，それらの研究を行なうにはいろいろの研究方法が必要である．ある行動が，なぜどのようにして起こるのかを知るためには以下のような接近方法が用いられている．

(1) 第1は，現時点でのその生体の行動を直接対象にすることである（知覚心理学，学習心理学，人格心理学といったように，研究対象別に分類されることが多い）．

(2) 第2は，行動の起源を探るやり方である．例えば母と子の絆を研究するために，人の母子関係だけでなく他の動物の母子の研究も行ない，母子の行動の意味を知るなど（比較心理学的接近法）．あるいは言語獲得の研究のために，まだ言語を持たない年齢の子どもを対象として，いかにして獲得が進みどんな要因がその速度を変化させるのかを知るなどのやり方もある（発達心理学的接近法）．

(3) 第3は，正常な行動の仕組みを知るために，さまざまな原因で逸脱した異常行動を研究する接近方法もある．行動異常の症状とその原因，発現の仕組みを知ることがいかにしてそれらを治療するか，さらには正常な行動はどのように維持されているのかを知る

ことにつながるのである（臨床心理学的接近法）．

　これらが組み合わされ，あるいは比較的独立して実際の研究が行なわれている．そして具体的には，以下の研究法が用いられている．

　２．心理学の研究法
　　心理学が行動の理解のために用いる研究法は大きく分けて５つある．それらは補い合って，行動の法則の確立を目指して使用されている．
　(1) 観察法
　　研究法の基本は実態の把握である．特に観察法は主に研究対象の実態を把握するために用いられることが多い．観察の際の条件設定の程度によって，自然観察法と実験（観察）法に分類される．なるべく条件設定をせずに自然な場面の観察・記録を中心とするのが自然観察法である．この目的のために，被験者が観察されていることを意識しないように，一方向ミラー（明るい向こうの様子は見えるが，暗い観察者の側は鏡のように見えて様子がわからない仕組み）越しに記録したりする工夫がされる．
　　また客観性や妥当性，信頼性を確保するために，複数の観察者によって記録を行ない，それらの結果を比較して判断の規準の一致の程度を示したり，記録項目が再構成されたりする．
　(2) 実験法
　　自然観察法などによって実態が把握され，問題提起がされると，なぜ，どうなっているのかという疑問が生じる．そこで，これを説明するための作業仮説が作られ，さらにいくつかの条件を違えた場合の観察結果を比較することで，これらの仮説の検証を行なうことになる．これが実験法である．
　(3) 調査法
　　調査法は，アンケートと個別面接による研究法である．アンケートは多数の対象に対して質問紙を用いて調査を行なう方法で，観察や実験法の前段階として用いることが多い．また面接法は同じく多数の対象に対して個別に面接し，態度調査や世論調査などを行なう．面接法で注意すべきことは，被面接者との間の信頼関係を作り（これをラポールという），相手に社会的圧力を感じさせないこと．また洞察力を持ち，面接者自身の持つ期待によって結果を曲解しないことである．
　(4) テスト法
　　知能検査や人格検査などの，いわゆる心理検査を用いた研究法である．雑誌などに紹介されている似非心理テストとは，標準性，信頼性，妥当性の観点が考慮されているか否かが異なっている．なかでももっとも重要な違いは，正式の心理検査は標準化されている

ということである．標準化とは，結果の解釈にあたって主観的な判断によるのではなく，既に得られて統計的に分析されている多くの人の結果と比較することで判断するやり方が確立されているということである（→6章3節 人格検査）．

(5) 事例研究法

事例研究法（case study method）とは，少数事例についての実験・観察・調査・テスト法による資料を詳細に分析して研究を行なう方法である．人の遺伝の操作や生体実験など倫理的に許されないために実験法が適用できない場合や，臨床的に極めて希な事例であったりする場合に，事故や病気，犯罪，生活史，文学作品など偶発的・比較的特殊な資料によって研究するやり方である．先天視覚障害者の開眼手術例や事故による大脳の一部損傷事例，ゲゼルの紹介した野生児などの例がある．

以上の5つの研究法のどれにおいても程度の差はあるものの，推測統計学（推計学）を用いてデータの集計・分析・仮説の検定・解釈を行なっている．これによってできる限り主観性を抑えた理論構築に努力しているのである．なおこれらの数学的な処理は，従来は多大な労力が必要なものであったが，コンピュータが利用できるようになったお蔭で，分野によっては，実験計画・実施・データ収集・データ集計から推計学的処理までをほぼオンラインで行なえることも珍しくなくなってきた．さらに推計学やコンピュータそのものの研究も発展途上であり，より大量の情報を適切に処理できる方法や装置が今後実用化されて行くだろうと期待される．

第3節 心理学の歴史

1．近代心理学成立以前

心理学はどのようにできてきたのだろうか．これには「心理学の過去は長いが，その歴史は短い」という有名なエビングハウスの言葉がある．つまり，心というものへの興味と関心はおそらく人間の起源にさかのぼるほど極めて古くから存在していた（文明発生からでも数千年経過している）が，学問的な研究が始まったのはそれに比較してごく最近（現時点で120年ほど前）に過ぎないことを指している．

(1) 霊魂心理学

もちろん近代心理学成立以前も，心の仕組や働きについての哲学的な研究がなされてはいた．例えば，アリストテレスの「霊魂論（デ・アニマ）」は心理現象への哲学的アプローチの初期のものといえる．その後，中世は宗教的な哲学が中心で近代心理学的な興味を持った研究は数少なかった．

(2) 経験論哲学

やがて近世になり，欧州（ドイツ中心）の観念論哲学とイギリスの経験論哲学の間に，

精神が生まれつき備わったものなのか，それとも経験によって身に付いたものなのかの論争が起こる．このうちの経験論哲学の影響を大きく受けて，近代心理学は成立することになる．

なかでも心理学へ影響を与えた経験論哲学の代表的な思想家として，イギリスの哲学者ロックが挙げられる．彼はドイツの哲学者デカルトの概念生得説に反対して経験優位説を唱えて，「人間悟性論」のなかで，人の出生時点の精神の空白状態をタブラ・ラサ（白紙を意味するラテン語）と表した．そして精神は経験によってこの白紙状態に書込まれて行くのであると主張したのである．

2．近代心理学の成立

1879年，ヴントが，ドイツのライプチヒ大学に世界初の心理学講座を開設した時点が近代心理学の開始といわれる．

ヴントの心理学は，『意識の心理学』と呼ばれる．彼は，意識とは経験により蓄積され，連想によって結合された個々の概念から成り立っていると考えた（このように意識が概念という部品によって構成されるという考え方を，構成主義と呼ぶ）．これに基づいて，冷静に自己の意識内容を観察し記録するという内観法により研究を行なった．

ヴントは多くの弟子を育て，欧米の心理学を発展させた．その後のアメリカや日本の心理学の中心となった人々の多くは，当時のライプチヒ大学へ訪れている．しかしながら，心理学の発展は彼の考え方が普及したというよりも，むしろ彼の主張に対しての反論が組織され，やがて現代にまでつながる新しい心理学の流れが生まれてきたというべきだろう（図1－1）．

3．近代心理学の流れ
(1) 行動主義

ワトソンは，1913年「行動主義者からみた心理学」のなかで，構成主義のように意識内容を研究対象とすることや内観法を用いることを主観的であると批判した．そして当時の自然科学，特に古典物理学を手本として，心理学の科学としての客観性を重視し，より客観的に研究できる『行動』をその対象にするべきであると主張した．

彼はパヴロフの条件反射説を取り入れており，心理学を観察可能な刺激(S)とそれに対する反応(R)の関係，およびそれらが連合することで生じる環境の変化を研究するものだとした．そのため彼の考えは，S－R説，あるいは『意識なき心理学』とも呼ばれる．

その後行動主義は，刺激と反応の間の連合に関してあまりに機械的であったことを批判され，代わって生体の内部の媒介過程を認める，スキナーらに代表される新行動主義（S

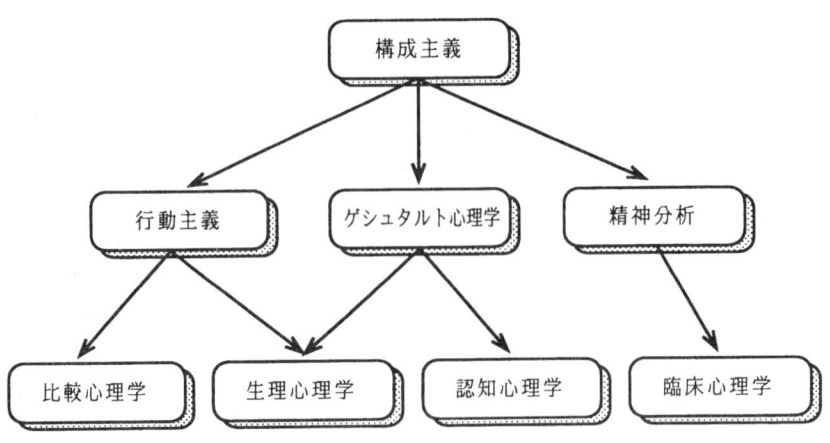

図1-1　近代心理学から現代心理学への流れの概念図

-O-R説)が提唱された．現在でも，比較心理学・生理心理学・認知心理学を含んだ，行動科学と呼ばれる大きな研究の流れとなって発展している．

(2) ゲシュタルト心理学

ヴェルトハイマーは，1912年「運動視に関する実験的研究」において，実際には動いていないものが動いて見える仮現運動の研究を行ない，構成主義からは説明のつかない，純粋ファイ現象を見いだした（→2章5節　運動知覚）．これを出発点として，彼とケーラー，コフカは，意識を概念のような部分に分解して捉えることに反対して，全体は部分の総和以上の特性を持ち，そのまま全体として捉えるべきであることを，主に知覚現象を通して主張した．彼らをゲシュタルト（形態）学派という（図1-2）．

その後アメリカに中心が移ってからはそれほど発展は見られなかったものの，ゲシュタルト心理学の提唱した，全体の重視，力学的場理論，実験主義といった観点は，現在の心理学全般，特に認知心理学・生理心理学へ大きな影響を与えることになった．

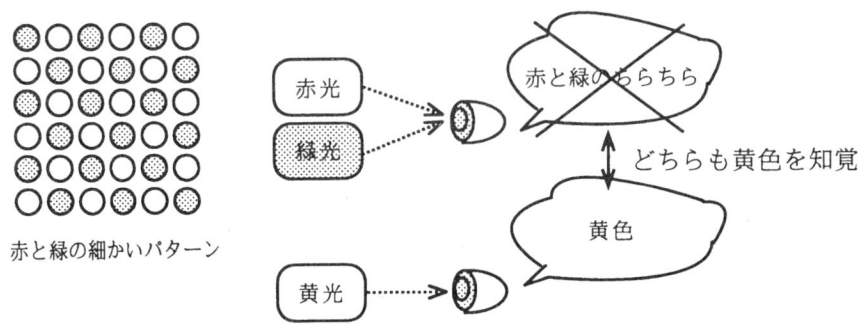

図1-2　色覚におけるゲシュタルト性の例

(3) 精神分析

フロイトはオーストリアの精神科の開業医であった．彼はヒステリーなどの精神的な病の治療を行なった．それらの臨床的な研究を通じて，それまで遺伝的な疾患であると考えられていた神経症などの原因が，患者の過去経験，特に幼児期の精神的な外傷体験（トラウマ）によるものだと考えるようになる．初めて精神分析という用語を使ったのは，1896年のことである．

彼によると，人がある行動をする場合，その動機は意識の中にあるような表面的・合理的なものではなく，実は本人にも意識されないもっと深層の精神部位，すなわち無意識的な不合理な動機によるという（図1-3）．また神経症などの病的な状態は，その異常な状態を引き起こしている無意識の中に隠された精神的外傷を本人に意識化させることで治癒しうることを発見し，夢分析や自由連想による精神分析法を創成した．

さらに進んで，人の精神の構造を無意識（エス），自我，超自我に区分した．また，より原始的な生存のための原動力として，リビドー(性的エネルギー)を想定し，精神構造のダイナミズムをこの仮想エネルギーによって説明した（→6章2節 人格理解の方法）．

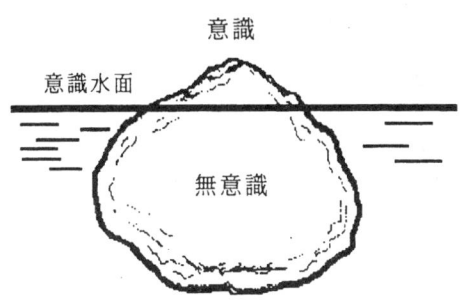

図1-3 意識と無意識の模式図

もちろん当初から彼の考えが理解されたわけではない．特に人の動機のすべてを性的動因によるとする彼の極端な汎性欲論は，当時の人々の宗教的な背景からも学会が受入られることを困難にした．やがて一般に理解されるようになった後も，この汎性欲論への固執は，精神分析自体は高く評価していたアードラー，ユングら多くの弟子が離れて行く原因となった．さらに精神分析理論の持つ主観的色彩は，行動主義から見れば構成主義同様に科学性を損なうものであり，その点からの批判も強かった．

精神分析は，思想的にも方法論的にも現在の臨床心理学の分野へ大きな功績を残したといえる．さらに心理学以外にも文学や哲学思想，芸術などその影響は多大であった．

第4節 現代心理学の研究分野

最後に，現代心理学にはどんな分野があって，何を研究しているのかについて見てみよう．表1-1は心理学の日本最大の学会，日本心理学会(1994年9月現在で正会員数5216人)における研究発表分野の分類表である．非常に広範な守備範囲を持っていることがお分かり頂けるだろう．方法論的な区分の一部は図1-1も参照されたい．

表1-1 日本心理学会における研究分野一覧
（対象・方法論区分別，内容説明は著者による）

研究対象による区分		方法論による区分	
原理・方法	理論・歴史・研究法の研究	臨床	異常行動・適応
人格	性格・個性の測定や理論	生理	生物・神経学的接近
社会	対人関係	認知	認知・情報論的接近
産業・交通	応用心理・人間工学的接近法	行動	比較心理学的接近
教育	教育への応用	発達	個体発生的研究
知覚	感覚・知覚	数理・統計	数学的接近
学習	学習理論		
記憶	記憶理論		
言語・思考	言語獲得・理解		
情動	感情・情緒		

第2章 知覚

我々は環境を感覚によって知り，まさにそうあるものと信じている．
しかしながら，我々が感覚を通じて得る知覚は必ずしも現実世界の忠実な反映ではない．むしろ我々の都合によって歪められ，解釈された結果なのである．
第2章では，環境からの情報の入力とその処理のシステムである知覚について，視覚を中心にして，特性と特に興味深い奥行き知覚，運動知覚，錯覚現象に触れる．
【デモ実験】として錯視現象を題材に心理学実験の簡易版を体験してもらう．

第1節 知覚とは

1．知覚の定義

知覚（perception）とは，生体が感覚受容器を通じて環境からの刺激情報を得て，さらにそれらの情報を元に記憶や思考など中枢の処理が施されて成立した，より総体的な環境についての情報あるいはそれを得る過程のことである．感覚受容器からの情報あるいはそれを得る過程に重点をおくときは，感覚と呼ぶこともある．また知覚も含めて，判断・推論・問題解決といった，より総合的な情報処理過程を認知（cognition）と呼ぶ．

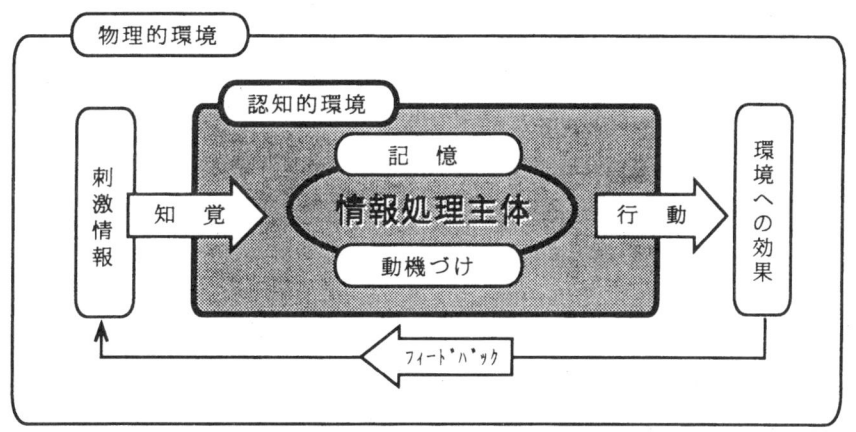

図2－1　環境の二重性　概念図

2．環境の二重性

環境の二重性とは，我々が物理的環境と認知的環境の両方に囲まれていることを指す（図2－1）．そして普段意識せずに準拠しているのは，実は物理的な環境ではなくて認知

的な環境なのである．つまり日常的には気付かれにくいが，このふたつの間には実際は程度の差はあるものの常にずれが存在する．というのは我々が見たり感じたりする環境は知覚システムを通過して成立した（すなわち我々の都合に合わせて改変された）情報の総体だからである．

また，この2つの環境のずれが特に明白になる場合が錯覚（illusion）である．従って，錯覚は単なる誤りや病的な状態ではなく，正常な知覚の一つの側面であり，心理学的には積極的な意味を持つものである．事実，錯覚は知覚システムを理解するための絶好の対象として，近代心理学成立のころから現在まで盛んに研究されている．

第2節 知覚の成立

物理的環境から得られる非常に多くの刺激情報は，何段階かのフィルターを経てふるい落され，そのごく一部だけが意識可能な知覚となる．以下その段階をおって知覚成立の過程を見て行く（図2－2）．

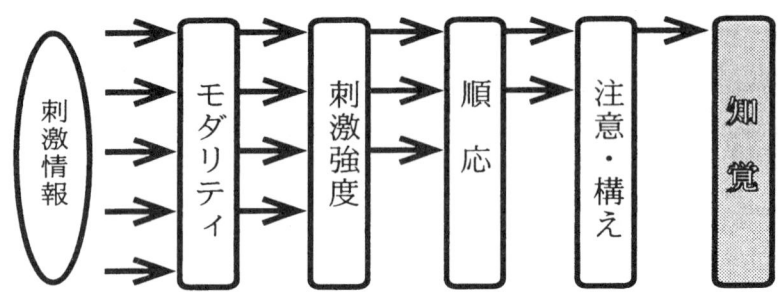

図2－2　　知覚成立までの概念図

1．モダリティ（感覚様相）

感覚器には適刺激があって，不適切な刺激は感じることができない．視覚器官では光，聴覚では音，嗅覚では匂い物質などである．

2．刺激強度

適刺激に関しても全てが受容できるわけではなくて，感覚として受容可能な強度範囲がある．もはや強すぎて感覚器を麻痺させたり正常な感覚が生じなくなるぎりぎりの受容

可能な強度の上限を刺激頂といい，またこれ以上弱いと感じることができなくなる受容可能な強度の下限を刺激閾という．

3．順応
刺激特性だけでなく，感覚器官の側の準備状態も決定因となる．

(1) 暗順応とは，弱い光を感じる視細胞が明所では飽和した状態となっているが，暗所でしだいに感覚をとりもどすようになること．例えば，明るい外界から映画館に入るとしばらくは何も見えないが，やがて見えるようになるというものである．

(2) 明順応とは，暗順応の逆の現象である．暗順応と違って順応速度が速い．ほんの数秒程度で起きる．

4．注意・構え：高次の知覚機能に関連
(1) 注意（attention）とは，特定部分の刺激を選択して知覚の焦点を向けることである．注意は意図的，反射的にたえず移動し続ける．適切な注意の移動は，全体像の正確な知覚に重要である．これは複雑な図形や写真をながめる際の我々の視線の移動を考えれば分るだろう．

(2) 構え（set）とは，知覚される対象への予断を持ってあたること．我々は物理的事実を見るのではなくて，見ようとするものや見たいものだけが見えるのである．例えば，恐がりの人には枯木が幽霊に見えたり，恋人の顔の欠点は，むしろチャームポイントに見えたりするなど．

第3節 精神物理学

精神物理学はフェヒナーの確立したもので，重さや明るさといった刺激強度（物理量）とそれらの刺激によって我々が受ける感覚強度（心理量）の間の法則性を研究する学問．

得られた法則性ももちろん重要であったが，彼らの大きな貢献はその測定のための方法論である．それらは精神物理学的測定法と呼ばれ，現在でも基本的にはそのまま使用されている．

1．ウェーバーの法則
物理刺激の違いを区別する場合を考えると，物理強度の上限下限があるだけでなく，やはり区別することが可能な変化の大きさにも限界がある．これを弁別閾という．

ウェーバーはいろいろな感覚について弁別閾を測定して，それが変化前の刺激の強さに対して一定の比率であることを発見した．この変化が感知できる最も小さな変化量ともとの刺激量との比をウェーバー比という．数式で表わすと，$\Delta S／S＝K$（一定）となる．

またウェーバー比は感覚の種類によって違い，音で 0.003,光で 0.016,重さで 0.136 である．

2.フェヒナーの法則

フェヒナーはウェーバーの法則から，感覚量と刺激量の直接の関係式を導き出した．これをフェヒナーの法則という．言葉で表現すれば，感覚量はそれを引き起こした刺激量の対数に比例する，となる．数式では，$R＝K\cdot \log S$と書ける．

これらの法則性は，刺激強度次元でみて一部分でしか妥当でないことが，現在では知られている．しかし彼らの発見と方法論は，近代心理学に大きな影響を与えた．

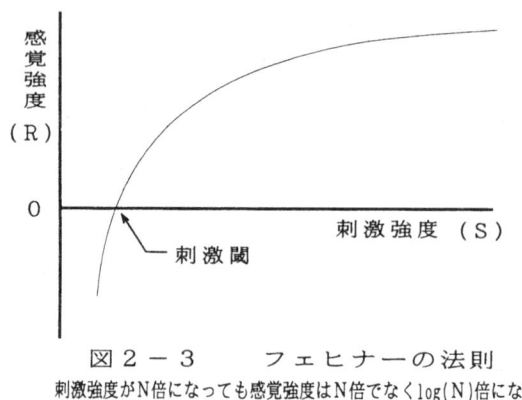

図2－3　フェヒナーの法則
刺激強度がN倍になっても感覚強度はN倍でなくlog(N)倍になる．

第4節 錯視と群化の法則

1．錯視

視覚的な錯覚を錯視（visual illusion ）という．なかでも線分や円弧などの比較的単純な要素のみから構成されていて，顕著な錯視現象を引き起こす図形を幾何学的錯視図形といい，ミュラー・リヤー以来多くの研究者や画家達によって考案されている．いくつか代表的な錯視図形を鑑賞して欲しい（図2－4）．

なぜこのような現象が生じるのだろうか．多くの図形に関しては，どのような要因が錯視現象を左右するのかについてのさまざまな分析が既に数多くなされてはいる.例えば，どの線分の長さ・角度がどう錯視の程度を変化させるのかはいろいろと知られていて，いくつかの説が提唱されてはいる（例えば，視線の移動量を考える眼球運動説，奥行知覚との関連を考える立体視説，視覚生理的な場を考える網膜誘導場説など）．しかしながら残念

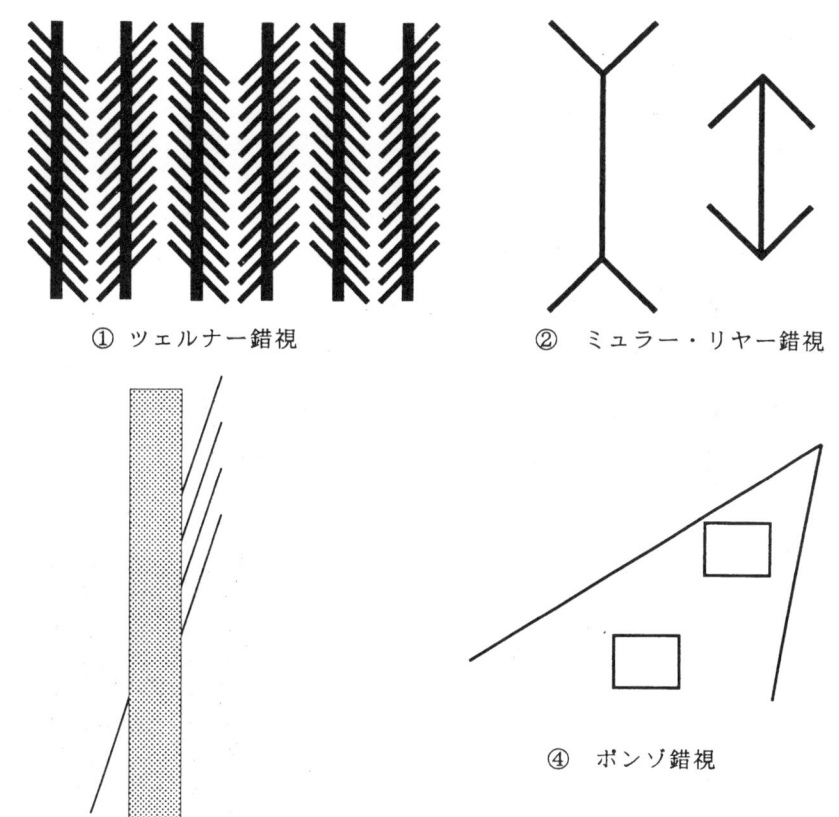
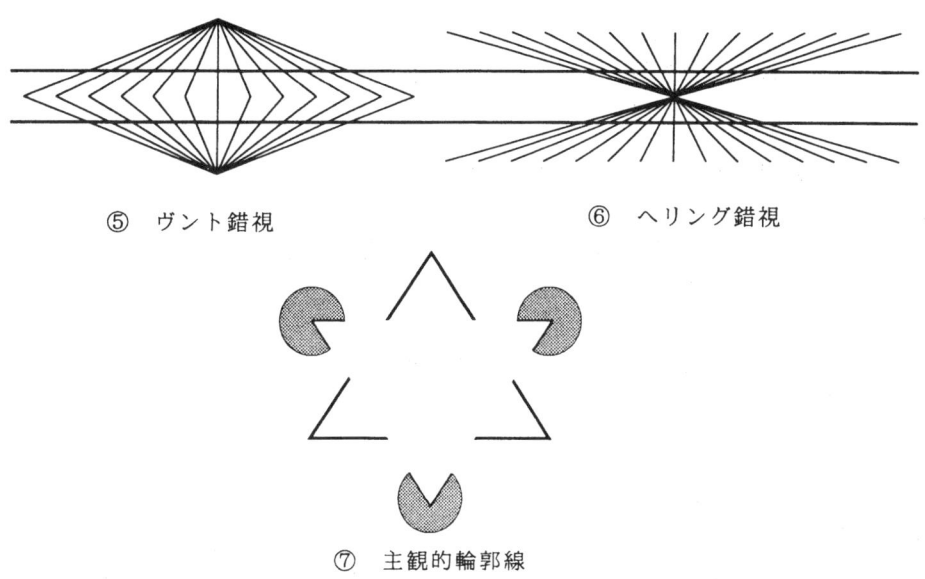

図2-4 代表的な錯視図

なことにそれらは，多くの錯視現象の仕組みについての包括的な説明とはいいがたい．これらの解明は今後の課題である．

2．ゲシュタルトの群化の法則（図2－5）
   (1) 近接の要因：近いもの同士がまとまりやすい．
   (2) 類同の要因：似たもの同士がまとまりやすい．
   (3) 閉合の要因：閉じられた部分はまとまりやすい．
   (4) よい形の要因：複雑な形になるよりもより単純な形，対称形にまとまりやすい．
   (5) よい連続の要因：より単純な法則に従ってつながりやすい．

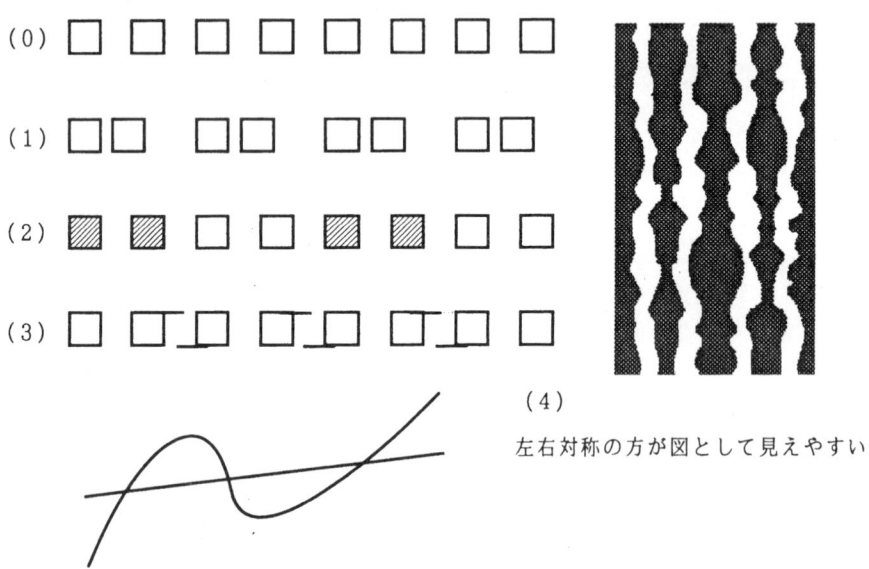

（4）左右対称の方が図として見えやすい

（5）直線と曲線が交差していると見ると安定する

図2－5　ゲシュタルトの群化の法則

ヴェルトハイマーはこれらをまとめて，「より単純に，より簡潔になるように知覚する性質がある」として，プレグナンツの法則と呼んだ．

第5節　運動知覚

我々はものの運動を知覚するが，それはものが実際運動をしているときに限らず，実際には動いていないものが動いて見える場合がある．それが仮現運動や誘導運動，自動運

動である．これらの研究は映画などの原理として実用的な意義があるだけでなく，運動知覚がどのように生じるのかについて多くの資料を与える．

1．仮現運動

　仮現運動にもいくつかあるが，なかでもベータ運動は，ヴェルトハイマーによる研究がゲシュタルト心理学の起こりとなったことでも有名である．ベータ運動とは，別々の刺激を時間をずらして提示した場合（これを継時的提示という），時間間隔に応じて運動感が生じる現象である．特に滑らかな運動印象を受ける場合をファイ現象と呼ぶ（図2-6）．

　映画やアニメーションの原理は，不連続な類似した原画を継時的に連続提示してファイ現象を起こし，なめらかに運動しているように見せることである．

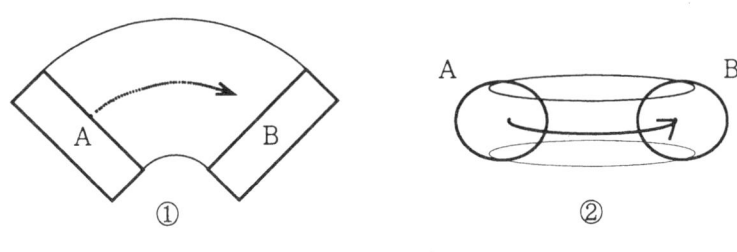

図2-6　　仮現運動の2例
　　Aに続いてBを時間間隔を適切にして継時表示すると，単なる点滅ではなく
　　①ではワイパー状の，②では浮き輪状の運動が感じられる．

2．誘導運動

　運動知覚にも知覚対象とその枠組みが重要である．知覚対象が静止して枠組みの方が運動する場合，逆に枠組みは静止しており対象が反対方向へ運動するように感じられることがある．これが誘導運動である．例えば，停車した電車に乗っているとき，隣の電車が発車すると，相手は止まっていてこちらの電車が逆方向へ動いているように思われることなど．

3．自動運動

　枠組みが明瞭でない場合，体の動きや眼球運動のような観察者の側の動きのために，静止したものも動いて見えるときがある．これが自動運動である．例えば，暗室内で静止した光点を見つめると，ゆらゆらと不安定な運動をしているように見える．

第6節 奥行知覚

　ものが奥行を持って見えることを立体視という．実際の立体だけでなく，絵や写真からも若干の立体感を感じる．このような奥行知覚を規定する要因は多く知られている．これらの手掛かりが視覚システム内で統合されて，奥行知覚が生じるのである．

1．視感覚からの手掛かり

　ダヴィンチの遠近法以来，多くの画家達は，平面に描かれたものからどのようにして立体感を感じさせられるか工夫をしてきた．それらを要約すると，以下のようになる（図2-7）．

(1) 重なり：重なって一部見えなくなる方が遠いことを示す手掛かりになる．
(2) 線遠近法と大きさの遠近法：平行線が一点に消失するように描かれる．
　　　あるいは同じ大きさのものが遠いほど小さく描かれる．
(3) 見慣れた大きさ：大小関係の分っている物との比較が遠近の手掛かりになる．
(4) 陰影：照明でできる影の法則性が手掛かりになる．
(5) きめの勾配：同じ密度のものが遠いほど緻密になる．

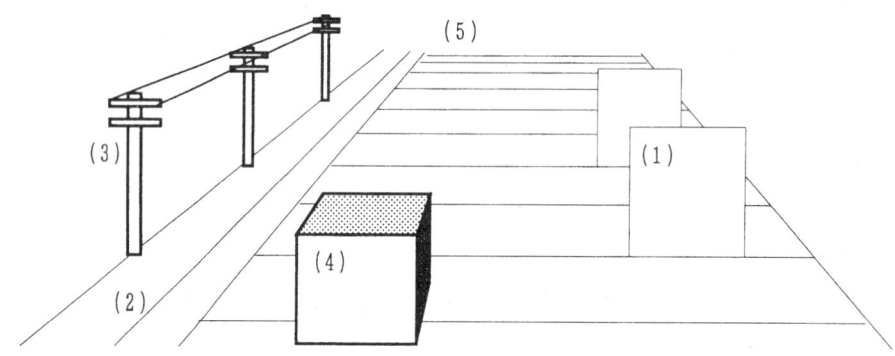

　　　図2-7　　奥行知覚を生じさせる視感覚手掛かり

2．視感覚以外の手掛かり

　これには調節筋感覚などの生理学的・内的感覚と運動感覚などがある（図2-8）．

(1) 焦点距離調節の筋感覚

　近いものほどレンズが厚くなるように毛様筋は調節を行なう．そのときの筋感覚．

(2) 両眼輻輳

近いものほど両眼の視軸のなす角度（輻輳角）は大きくなる．そのときの筋感覚．

(3) 両眼視差

両眼は約6cm離れた位置にあるので，それぞれの網膜に投影される像は少しだけ異なる．この食い違いが視差である．近いものほど視差も大きい．1838年ホイートストーンの考案した立体視鏡はこれを利用して，視差だけずらして作られた2枚の図（ステレオグラムあるいは立体視図）をそれぞれの眼に投影して立体視を作り出した．また立体視鏡なしでも，焦点距離調節と両眼視差を組み合わせて立体視を作り出すランダムドット・ステレオグラムも近年考案されている（図2－9，図2－10）．

(4) 運動視差

空間内を運動すると，風景の相対運動が観察される．その場合，風景までの距離と方向によって，異なる速度と運動方向を感じる．それが奥行手掛かりとなる．

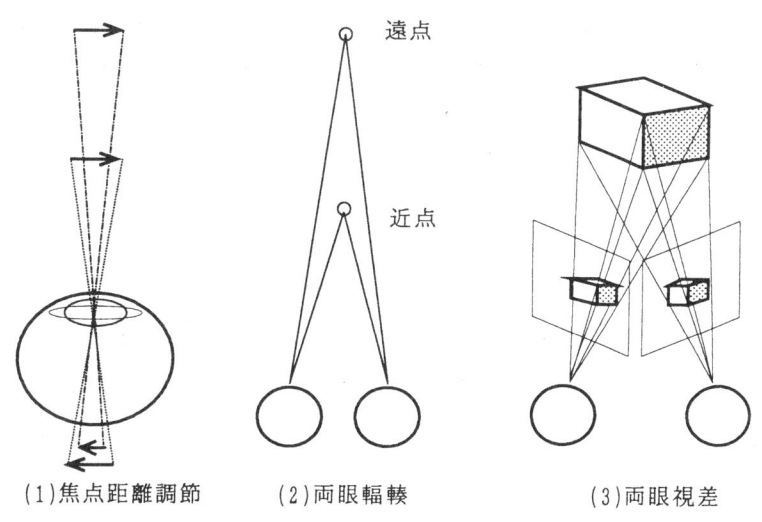

(1)焦点距離調節　　(2)両眼輻輳　　(3)両眼視差

図2－8　奥行き知覚を生じさせる視感覚外手掛かり

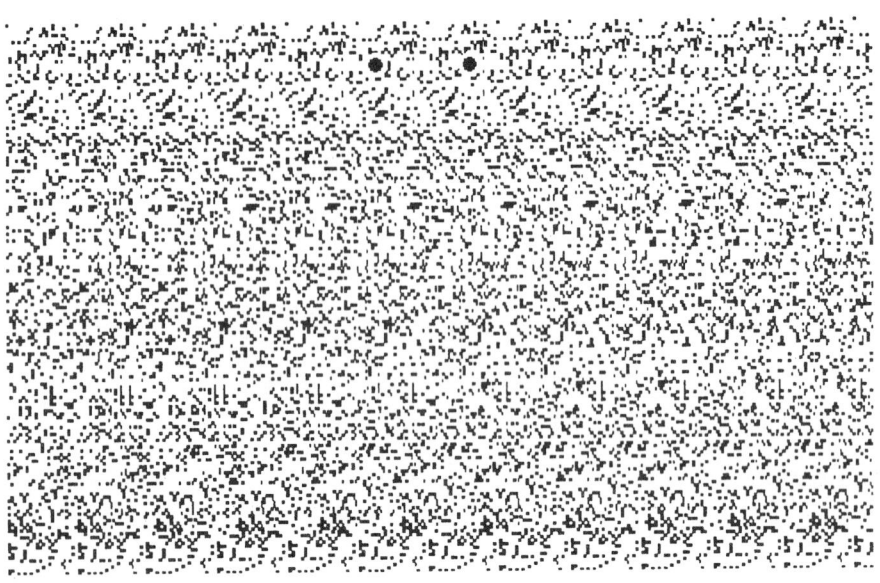

図2-9 ランダムドット・ステレオグラム（裸眼立体視図）の例
まず上にある2つの黒い点を少し焦点をぼかして4つに見る．次にその4つのうちの中央よりの2点を焦点を動かしながら重ねて，3点に見えるようにする．このとき焦点を急激に変えずに少しずつ合わせること．3点に明瞭な立体感が感じられるまで待つ．しばらくするとランダムな点のばらつきの中央に何かが浮き出て見えるはずである（小日向敏行，1992，Y3にて作成）．

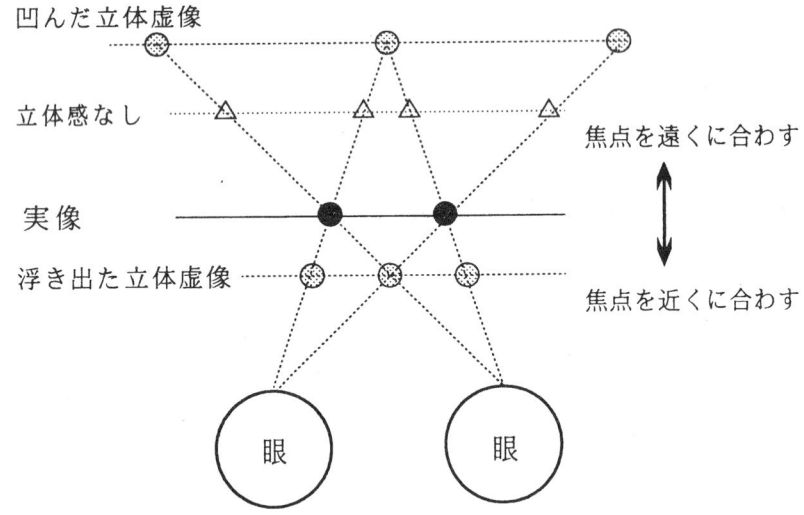

図2-10 ランダムドット・ステレオグラムの原理
実際には2点しかないものを，焦点をずらして3点にみただけでも立体感が感じられる．この現象と，2点間が遠いほど，より浮き出た立体虚像がみえることを利用して，ランダムドット・ステレオグラムは作られている．

【デモ実験】主観的等価値の測定

1. 背景

我々は普段,自分達が行動の規準としているのは物理的な環境であると信じている.しかし,実際に我々が規準としているのは,各自が持つ内的な認知的・主観的環境なのである.これを（A　　　）性と呼ぶ.

本来,物理的環境と人の認知的環境との間にはなんらかのズレがあり,それが特に明確になる現象を（B　　　）と呼ぶ.これは誤りというよりも,我々の知覚の特性が顕著に現れているに過ぎず,厳密には他の場面でも同様の知覚作用が機能しているということに注意しなければならない.また視覚における錯覚を（C　　　,visual illusion）と呼ぶ.この現象を特に引き起こし易い図形が,多くの研究者や画家によって多数考案されている.しかし現在のところ,統一的にこれらを説明できる理論は完成していない.

なお,ある物理的な量に対し,主観的に等しいと判断された量を（D　　　）的等価値,PSEという.またPSEと物理的な真の値との差を錯覚（錯視）量という.

2. 実験目的

長さの錯視としてよく知られているミュラー・リヤー錯視図を製作し,これを用いてPSEを測定し,錯視量に及ぼす矢羽の角度の効果を検討する.

3. 方法

(1) **実験装置（器具）** ミュラー・リヤー錯視図版.標準刺激（<—>,内向矢印）の軸の長さ80mm,羽が20mm,比較刺激（>—<,外向矢印）は,軸の長さが0から10cmまで変化させられるもの.矢羽と軸の挟角は,15°,30°,60°の3種類ある.

(2) **被験者と実験者** 2人以上が1組となって交代で実験者と被験者になり,各自について3種類全部の図版についてPSEを測定する.なお記録は,巻末のレポートシートを切り離して用いる.被験者は自分のシートに必要事項を記入して実験者に渡し,実験者はその個別記録表に測定値を記録する.

(3) **手続き**

①測定の手順は,まず,実験者が図版の初期設定をして被験者に手渡し,それぞれにつき被験者は,比較刺激を標準刺激と見比べて等しいと思われる長さに自分で調節し（被験者調整法と呼ばれる）,調節位置がずれないように図版中央上部を摘んで,裏面を見ないように実験者に返す.実験者は結果（PSEの値）を裏の目盛でmm単位で小数第1位まで読み取り,被験者に見えないように記録表に書き込む.これを測定終了まで繰り返す.

②測定の順序効果をなくすため,調整の初期設定（標準刺激を右側におく[右]/左におく[左]:あるいは,明らかに長くしてから[長]/短くしてから[短]手渡す）の組み合わせのそれぞれにつき,下記のように各2回ずつ測定する.よって,被験者は各図版につき8回,合計24回の測定をすることになる.測定の順序を勝手に変えてはならない.

測定順序

2人1組でじゃんけんをする

勝った人：左長,右短,左短,右長,左長,右短,左短,右長の設定でそれぞれ 15°,60°,30°の順.

負けた人：右長,左長,左短,右短,右長,左長,左短,右短の設定で,それぞれ 30°,15°,60°の順.

また全測定が終了したら被験者は実験中に気付いたことや気になったことを自分の結果が書かれた記録用紙の内省報告欄に記入する．

4．結果の整理

レポートは個別記録表のある用紙を用いて書き込み，指定日までに提出する．

(1) まず個別記録表から，自分のデータの角度別の平均値とSDを計算し（mm単位，小数第2位四捨五入で第1位まで）記入する．

(2) 次に各自の平均値をつかって，矢羽の角度とPSEの関係を示すグラフを描く．

(3) 発表される全体の平均値，SDを該当欄に記入し，グラフを描く．

(4) 上で作ったグラフを見ながら，読み取れる結果を箇条書にする．

5．考察

考察とは，実験目的に沿って結果を解釈／説明を試みることである．ここでは考察の練習としてレポート中の3つの設問に対して結果に基づき答えよ．その他気付いたことや感想などを反省・感想欄に記せ．

なお考察は参考文献からの引用も可だが，その場合は文献欄に，著者名・発行年・書名・出版社・引用ページを明記せよ．

コラム

SD（標準偏差）の計算とその意義

【SDの定義と求め方】

SD（標準偏差）とは，各測定値が平均値のまわりにどの程度散らばっているのかを表す代表値である．

測定値を X_1, X_2, ..., X_{n-1}, X_n のN個，その平均値をM，各測定値を2乗し合計したもの（2乗和）をSSとする．

まずSSを個数Nで割ったものから，平均値Mを2乗したものを引く（分散）．そして，その平方根がSDである．これを式で記すと以下のようになる．

$$M = \frac{X_1 + X_2 + ... + X_n}{N}$$

$$SS = X_1^2 + X_2^2 + ... + X_n^2$$

$$SD = \sqrt{\frac{SS}{N} - M^2}$$

【SD計算の意義】

SDあるいは分散を計算することは，実験結果に関して，統計的な検定を行うための第一歩である．例えば上のデモ実験の場合では，矢羽の挟角ごとの測定値が異なるとしても，その平均値の差がいったいどれくらいあれば，その値が異なると判断すれば良いのだろうか．主観的に（適当に）決めるのが望ましくないのは明らかである．

統計的な検定は，平均値やSD，分散といった代表値を用いた客観的な判断基準を与えてくれる．皆さんのデモ実験のレポートでは統計的検定を要求しないが，本式の実験レポートでは必要不可欠である．

つまりレポートでSD計算をしたのは，統計的検定の手続きの雰囲気（大変さや厳密さ）の一端を感じてもらうためのデモンストレーションである．

第3章 学 習

> 生体は環境に適応して行くため，経験によってその行動を変えて行かねばならない．そのための仕組が学習である．第3章では，学習とは何か，どのように成立すると考えられているのか，動機づけとの関係について，条件づけを軸にして概説する．

第1節 学習とは

1. 学習の定義

　学習とは，経験が繰り返された結果生じた，比較的永続的な行動の変容である．

　例えば，毎日繰返しピアノの練習をすることで上手に演奏ができるようになったなどのように，技能の修得はすべて学習である．あるいは難しいテストをうまくパスしたとき偶然赤い服を身に付けていたため，以来テストには必ず赤い服を来て行くようになったり，逆に体調が悪いときにある食物を食べて気分が悪くなったため，その食べ物が大嫌いになったりなども学習である．

　しかしながら，ヒトの乳児で見られるように，出生直後萎えていた下肢がしだいにしゃんとしてハイハイできるようになったというのは，経験の結果ではなくて生まれつき持っている機能が成熟することで可能になったと考えられるので，学習とは呼ばない．また，病気や飲酒・薬物の投与によって生じた行動変容も，一時的なことなので学習されたものと考えない．

2. 学習成立の理論

　学習が成立する仕組みについては，大きく分けて2つの学説がある．

　(1) ひとつは，学習を特定の反応と特定の刺激の組み合わせが報酬や罰などの強化によって連合することであるとする考え方で，連合説という．試行錯誤を学習の本質としたソーンダイクやオペラント条件づけのスキナーらが主張した．

　(2) もうひとつは，学習を内的・認知的な変化が生じることとする考え方で，認知説という．これは洞察説を主張したゲシュタルト学派のケーラーやサイン−ゲシュタルト説を唱えたトールマンらが主張した．

　歴史的には両者はどちらが正しいかの論争をしてきたが，これらは二律背反するものというよりむしろ，比較的下等な生体の行動には連合説が，比較的高等な生体の行動には認知説がうまく適合するように思われる．また同じ生体内でも，単純な行動は連合的に，

複雑な行動は認知的に獲得されるように見える．実際，ヒトの行動の大部分は生まれつきでなくて学習性のものだが，単純な行動，技能学習などは連合的に（すなわち反復練習によって），より高等な行動は認知的に（言語学習や観察学習によって）獲得されているといえよう．

　　類似の立場からガニエは，どちらの学習成立理論にも頼らずに，単純な学習が複雑なものの前提になると仮定し，段階的に学習を分類した．実際に教育・治療への応用などを考えれば，このように学習成立の仕組みを統合的に扱うことが重要になってくる．

第2節　連合説

　　連合説は，学習の本質を罰や報酬といった強化によって，特定の刺激(Stimulus，S)と反応（Response，R）とが連合することにあるとする説である（刺激－反応説，S－R説ともいう）．そして連合を引き起こす基本的な仕組みと考えられているのが条件づけと呼ばれる過程である．連合説では，動物の芸やヒトの高級な行動もすべて，基本的には単純な条件づけの組み合わせ・連鎖として説明されるという．

　　以下，連合説のうちの代表的な学習成立説をそれぞれ見て行こう．

1．試行錯誤説

　　アメリカの心理学者ソーンダイクが，1898年「動物の知能」の中で，ネコの問題箱実験の結果に基づいて提唱したものである．これによると学習は，動物が行なう様々な反応（試行）のうち，失敗した反応（錯誤）は弱められ消え去り，一方偶然成功した反応のみが，その結果としてもたらした快適な感覚によってその状況と結合するようになることで生じるという．

　　彼はこの「結果の快－不快によって，状況と反応の結合が強化され－あるいは弱められる」という傾向を，効果の法則と呼んでいる．そして「状況と反応の結合は使用の程度で強められたり弱められたりする」という練習の（使用・不使用の）法則とともに，学習の基本法則であるとした．この考えは後のワトソン，スキナーらの行動主義の流れに受け継がれた．

2．古典的条件づけ説

　　ロシアの生理学者パヴロフが，イヌの唾液反射の研究から見いだした古典的条件づけが学習成立の基本とするものである．

　　(1) 古典的条件づけ

これは，生まれつき反射を引き起こす無条件刺激（Unconditioned Stimulus, US）と，本来は反射とは無関係である条件刺激（Conditioned Stimulus, CS）とを時間的に少しずらして対提示することを繰り返すと，USによって生じていた反射（無条件反射，UR）がやがてCSのみの提示でも生じるようになる（条件反射，CR）ものである（図3-1）．またこの条件づけは，唾液分泌や瞬きなど自律神経系の支配する反射に基づくため，レスポンデント条件づけ（刺激で引き起こされる反応に基づくという意味の造語，スキナーが用いた）とも呼ばれる．

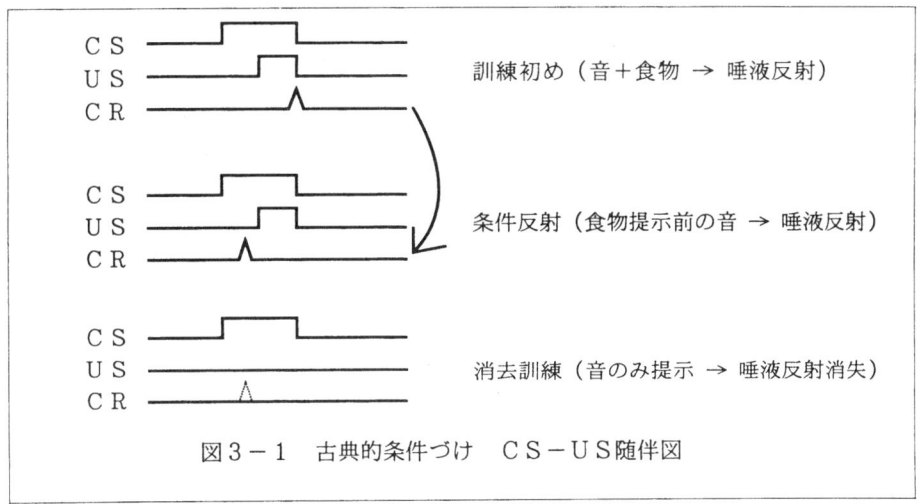

図3-1　古典的条件づけ　CS-US随伴図

　例えば，多くの人は梅干を見ただけで唾液が出てくるが，これは過去に経験した梅干の酸っぱさがUS，目前の梅干の見かけがCSとして形成された条件反射である．このように意識されずに身に付いた自然条件反射を我々は多く持っている．

(2) 消去

　一旦形成された条件づけは消えないのだろうか．USを対提示せずにCSのみを繰返し与えるとCRは出現しなくなる．これを消去という（図3-1）．しかし実際には条件づけが消えてしまったのではなくて，無意味になった条件づけを抑制するという別の条件づけが成立したにすぎない．というのは消去後，数日から数カ月後に，CSを提示してみると再び条件反射が現れることから分る．これを自発的回復という．

　なおヒトの日常場面では，古典的に条件づけられた行動は必ずしも望ましいものばかりでなく，不安などの不適応行動の原因になるものも多い（例えば，動物の実験神経症や条件性情動反応と類似の手続きで獲得されると思われる）．そこでそれらの不適切な条件反射を除くために，一旦出来上がった条件反射を消去する方法は重要になる．これらは心理療法のうちの行動療法と呼ばれている（→6章6節　心理療法）．

3. オペラント条件づけ説

アメリカの心理学者スキナーが，ハトやネズミの自発反応の研究から提唱した，オペラント条件づけを学習成立の基本とするものである．

(1) オペラント条件づけ

これは，生体が示す自発反応のうち，実験者があらかじめ自由に選択しておいた反応が示されたときのみに報酬や罰を与えると，その自発反応の生起確率が変化するというものである．この報酬や罰のように，行動の起こり方を変化させる刺激を強化刺激(reinforcer)と呼ぶ．オペラント条件づけとは，強化することによって，ある特定の自発活動の起こり方を変える過程のことといえる．またこの条件づけでは，ある反応をすることが報酬を得ることになるなど，自発的反応が強化を得るための「道具」となっていると見ることもできる．そこで，道具的条件づけとも呼ばれている．

実験的には，空腹にされた動物をスキナー箱（図3-2）と呼ばれる反応-強化を制御できる実験装置に入れて，スキナー箱の内部の反応キーを動物が押すと強化（例えば餌）が与えられるようにする．初め内部をうろうろした動物は偶然に反応キーを押して意図せずに強化を受けるだろう．それを繰り返すと，やがて動物は箱に入れられた途端にキーを押すようになる．自発的キー押し反応を強化することで，その場面での反応増加をさせたのである．

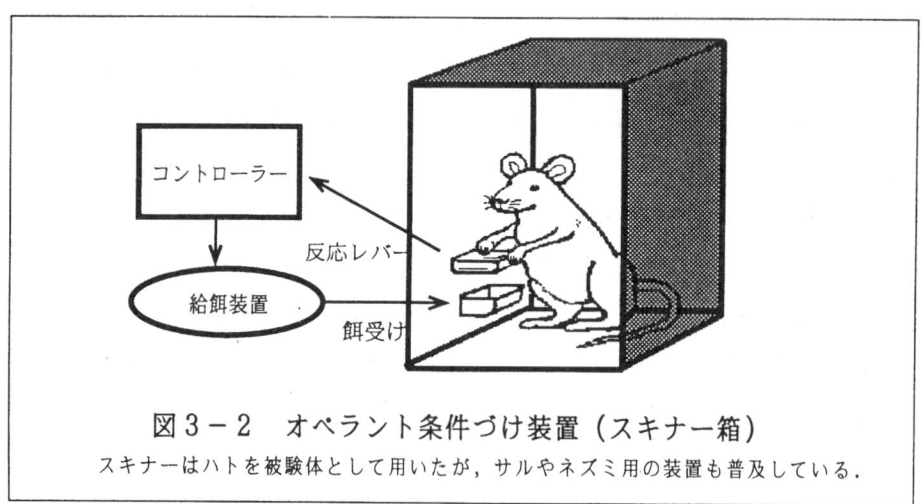

図3-2　オペラント条件づけ装置（スキナー箱）
スキナーはハトを被験体として用いたが，サルやネズミ用の装置も普及している．

例えば，イヌにお手を教えることを考えよう．「お手」といわれただけで，生まれつきお手をするイヌがいるとは思われない．従って「お手」の芸をさせるには，まず「お手」といいながら，イヌに何度かお手の形をさせるか（これを形成化と呼ぶ）または自発的に

するまで待つかして類似の自発的反応がでたときに，褒めたり撫でたり餌をやったりという強化を与えることになるだろう．これを繰り返すとやがてイヌは「お手」とう言語信号を与えられると，強化と結び付いたお手の反応をするようになるのである．サーカスの動物達の調教された芸やピアノの練習をして上手に弾けるようになるなど技能の修得はすべて，このオペラント条件づけによって行なわれたものである．

(2) オペラント条件づけの分類

強化の種類（報酬／罰），弁別手掛かりの有／無，行動喚起／行動抑制（行動をすると強化／行動をしないと強化）の3つの要因について2×2×2，合計8通りの組み合わせが生じる．それぞれに名前がつけれられている（表3-1）．

表3-1　オペラント条件づけの類型 (Grant, 1964)

強化種類	報酬		罰	
手掛かり	弁別手掛かり あり	弁別手掛かり なし	弁別手掛かり あり	弁別手掛かり なし
行動喚起	弁別訓練 今できれば ごほうび	報酬訓練 試験ができれば ごほうび	回避訓練 嫌なものは 来る前に避ける	逃避訓練 嫌なものから 逃げる
行動抑制	弁別省略訓練 今いたずらしないと ごほうび	省略訓練 いたずらしないと ごほうび	弁別罰訓練 今いたずらすると 叱られる	罰訓練 いたずらしたら 叱られる

(3) 強化スケジュール

同じ量の報酬を与える場合でも，与え方が違うと学習される行動パターンと学習獲得の強度に違いが生じる．報酬・罰の与え方を強化スケジュールという．これには，①連続強化（CRF，毎回強化），②定率強化（FR，何回かに1回強化），③定時間強化（FI，一定時間に1回強化），④変率強化（VR，平均して何回かに1回強化するが，回数はそのたびに変動する），⑤変動時間強化（VI，平均してある時間に1回強化

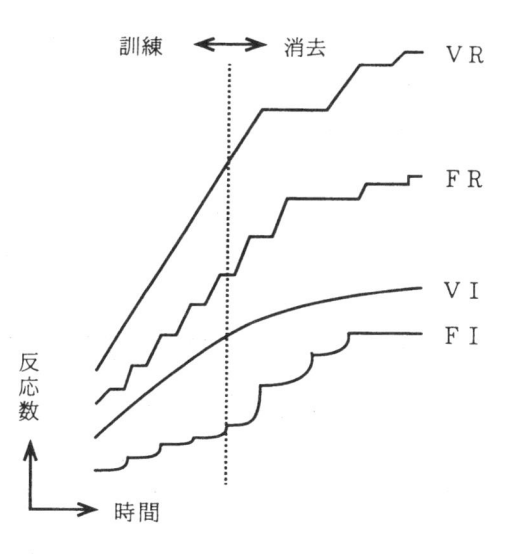

図3-3　強化スケジュールと反応パターン

するが，時間間隔はそのたびに変動する）などが基本となって，さらに無数の組み合わせスケジュールが実施可能である．興味深いのは，スケジュールが異なると，獲得される行動パターンと学習強度（すなわち消去抵抗）もそれぞれ異なることである（図3-3）．

重要な点は，連続強化よりも固定比率強化，それよりも変動比率強化のほうが，より積極的な行動を引き出すし，獲得されたその行動も忘れにくい（これを消去抵抗が高いという）という点である．このように連続強化よりも一部のみの強化のほうが消去抵抗が高いことを，部分強化効果という．ギャンブルがやめられないのは，ときどき儲けがあるから部分強化されることになるためであろう．

(4) 動機づけとの関係

行動を方向づけ，維持して，強める働きを動機づけという．空腹感やお金が欲しいという欲求や感情は，動機づけになる．そして適度な動機づけは，学習成績を向上させることが知られている．

しかし詳しく見ると，動機づけの効果は学習課題の難しさの程度と関連しており，「課題にとって最適の動機づけの強度は，課題の困難度が増加するに連れて減少する」という関係が成り立つ．これをヤーキーズ・ドッドソンの法則という（図3-4）．易しい課題は単純に動機づけが強いほど成績も向上するが，難しい課題では強すぎる動機づけは成績に妨害的である．

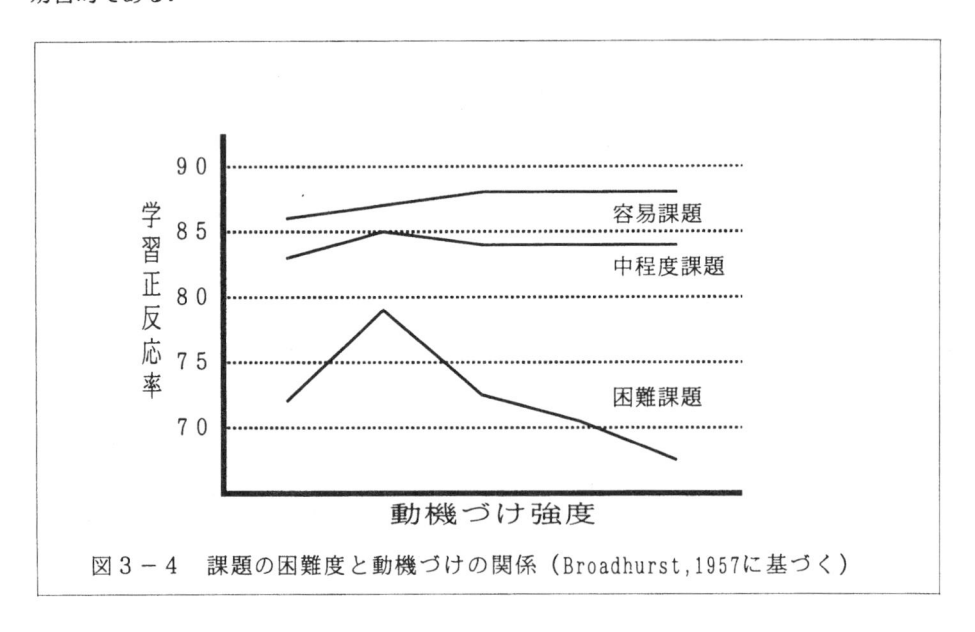

図3-4 課題の困難度と動機づけの関係（Broadhurst, 1957に基づく）

第3節 認知説

　学習成立のもうひとつの考え方は，学習を中枢的な認知構造の変化，すなわち記号の意味の獲得過程として捉えるものである．

　例えば，ある場所へ行くことを学習する場合を考えよう．連合説では，その場所の特徴（刺激）とそこへ行くこと（反応）とが，その場所で何度も報酬をもらう(強化される)ことでしだいに結び付くと説明する．ネズミが迷路を通過する学習も同様に迷路を抜ける反応が餌をもらうことで成立すると考えるのである．

　一方，認知説では，実際にそこへ行くことなしで学習は可能であると言う．あなたも初めて聞いたお店であっても，地図の上で駅の西口から出てすぐ右に３００メートルのところと言われれば，おそらくたった一度でその場所へ行く学習ができるだろう．この場合，学習は言語を媒介とした学習者の認知的な変化（ある場所の相対的な位置関係について知ること）だけで生じたといえる．いわば地図の上での学習である．

　このように認知説では実際の反応が形成されたか否かではなくて，必要が生じたときに反応を出せる状態になったか否かを学習の本質と考えるのである．その意味で連合説との大きな違いは，強化を実際の反応を引き出す機能を持つ単なる誘因に過ぎないとみる点である．以下，認知説のうちの代表的な学習成立説をそれぞれ見て行こう．

1．洞察説

　ゲシュタルト学派のケーラーは，1917年「類人猿の知恵試験」を著し，チンパンジーの問題解決の研究を行なった．そして学習の成立を，その場面の全体的認知的構造（ゲシュタルト）を理解すること，すなわちどのように目的と手段を結び付けるかという洞察が生じることと考えた．

　なかでも天井から食物を吊し，箱を積み上げたり棒を使ったりして取るという道具の使用についての実験は有名である（図３−５）．

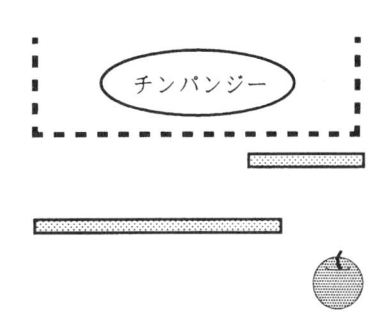

図３−５　道具使用の例
短棒で長棒を取って食物を取る

2．サイン−ゲシュタルト説

　トールマンは，学習を基本的には記号の獲得であると考えた．そして，1932年「動物

と人間における目的的行動」のなかで，学習成立を，目的と結び付いた手段刺激(サイン)の総体（サイン・ゲシュタルト）に対して期待が形成されることと考えた．

彼はその論拠として，潜在学習実験を行なった．そのなかで，迷路のゴールにおいて訓練中常に報酬を受ける群と，最初は報酬がなく訓練途中から報酬を受けるネズミ群を置いた．すると，途中報酬群は報酬導入直後から劇的な反応の改善を示した．これを無報酬のときにも行動に現れなかっただけで学習が成立していた，すなわち潜在学習があったためであると説明した（図3－6）．潜在学習はいわば認知地図の形成であり，この成立には連合説のいう強化は必要がなかったと主張したのである．

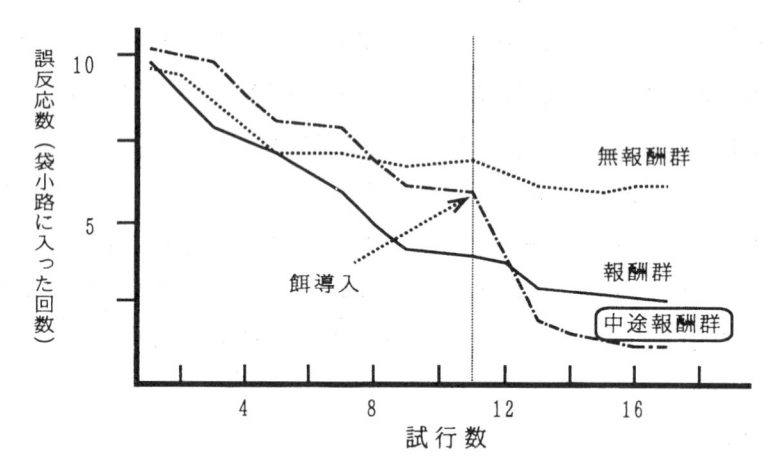

図3－6 潜在学習（Tolman & Honzic, 1930による）

3．観察学習説

学習者が直接反応したり強化を受けるのではなくて，モデルの行動を観察するだけで，その行動を獲得する仕組を観察学習という．これも直接的な強化を不要であるとする考え方である．

この研究の始まりとなったミラーとダラード（1941）は，幼児や動物実験を用いて，報酬を得るための道具的反応として他者の行動を模倣するという，模倣学習現象を報告した．しかしこの場合は学習者自身も模倣した行動によって実際の強化を受けたので，観察そのものによる学習効果を示したものではなかった．

バンデューラ（1965）は，幼児の攻撃行動の観察学習研究を行なった．そして幼児は大人のモデルの攻撃的な行動を観察するだけで，その後攻撃的行動を実際に示すようになることを見いだし，モデルを観察すること（モデリング）そのものが行動を獲得させるとした（図3－7）．その後，彼はこのモデリングの性質と規定要因を分析し，社会的学習理

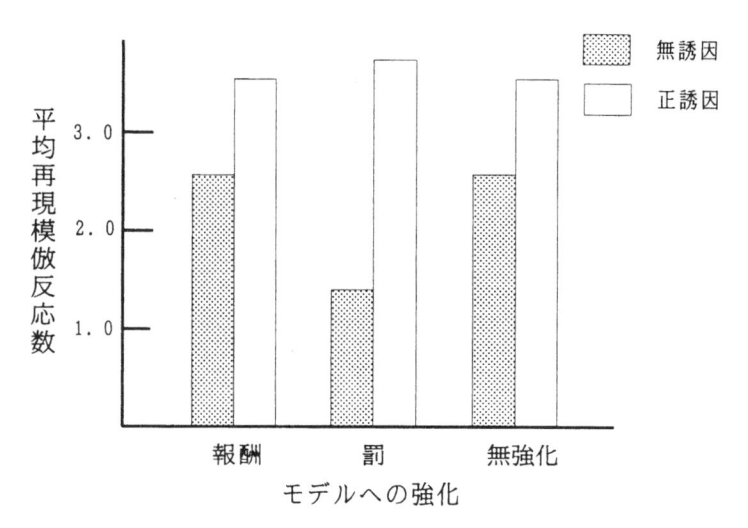

図3-7 攻撃行動のモデリング（Bandura,1965から著者が構成）

論の体系として発展させた．
　なおこの実験以来，テレビや映画の暴力的な場面を見せることについて以前から論争されていた2つの説，すなわち暴力シーンは攻撃的欲求不満を代理して解消させるとするカタルシス説と，真似をしてかえって暴力的になるという模倣説は，モデリングの考えから見ても後者の方が優勢になっている．少なくとも幼児の場合は，無批判に暴力シーンの観察をさせることはモデリングによる暴力行動を増加させると思われる．

第4章 記　憶

生体は，知覚により情報収集・処理を行ない，記憶によって処理後の情報を蓄積し，学習により，それら蓄積された情報に基づいて行動を変容させて，思考によって，問題解決を行ないながら，さまざまな環境の変化に適応しているのである．
このように一部知覚，学習，思考と重なるものの，情報の符号化，検索，利用的局面を取り出してシステムとして見たとき，これを記憶と呼ぶ．
第4章では，記憶の構造と諸相についての知見，および忘却の理論を学ぶ．
【デモ実験】に感覚記憶容量，記憶へのカテゴリー手掛かりの効果の測定を行う．

第1節　記憶とは

　記憶（memory）とは，さまざまな情報を覚え込み，取っておき，必要に応じて取りだして，使用する過程である．
　さて，記憶力のあることのたとえに，カメラのような記憶力という表現があるが，実際のところ我々の記憶はカメラによって記録されたフィルムのようなものなのだろうか．多くの研究からは，両者は類似点もあるもののかなり異なっているといえる．もっとも大きな違いは，我々の記憶は，(1) 覚え込む（記銘, memorization），(2) 取っておく（保持, retention），(3) 取り出す（再現, remembering）というそれぞれの段階で，何度も情報処理がなされているという点である．言い換えれば，我々の記憶は処理に都合の良いように圧縮され歪められているのである．

第2節　記憶の諸相

　アトキンソンとシフリン（1968）によると，記憶は単純な記録メカニズムではなく，いくつかの異なった法則性を持つシステムが，段階的に結びついているという．これを記憶の多段階（あるいは3段階）モデルという（図4-1）．以下このモデルの段階に従って，記憶の諸相の特徴を述べ関連知見に触れる．

1．感覚記憶

　記憶の第1段階は，感覚記憶（感覚情報保存とも呼ぶ）である．知覚システムが処理する膨大な量の感覚情報は，処理の間はこの感覚記憶へと一時的に保持される．その容量

は非常に大きいが，保持される時間は極めて短く，視覚情報で約１秒，聴覚情報でも３から５秒程度であるといわれる．このように急速に失われるそれら大量の感覚情報のうち，注意の向けられたごく一部の情報のみが，次の段階へと移行させられる．

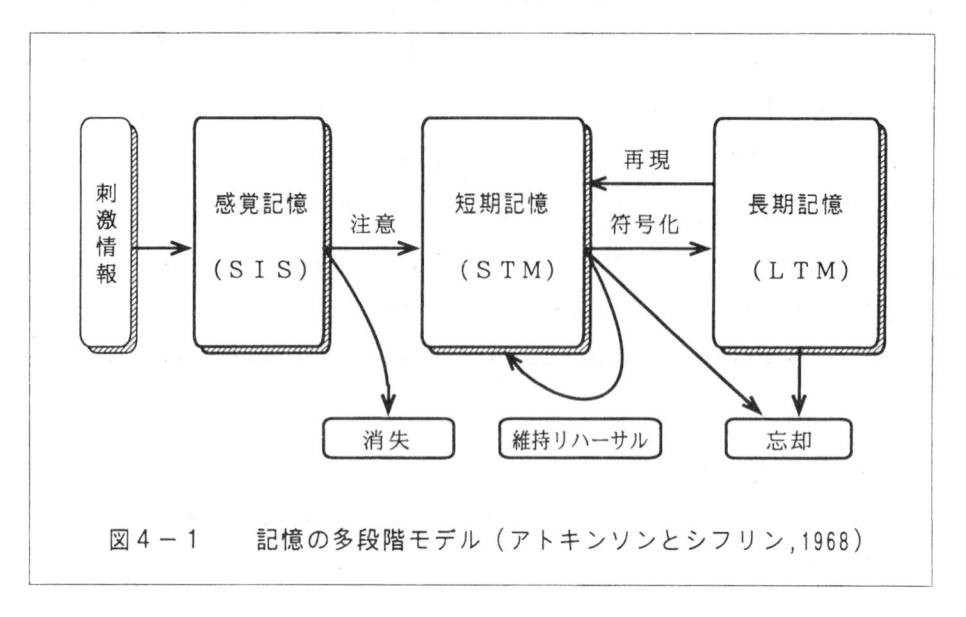

図４－１　記憶の多段階モデル（アトキンソンとシフリン，1968）

２．短期記憶

　第２段階である短期記憶（Short Term Memory, STM）も，その名の通り保持時間は短くて，そのままでは急速に減衰して数十秒程度で失われてしまう．しかも保持できる情報量も極めて限定されている．量的には７つ程度の情報のかたまりを保持できるに過ぎない．

(1) チャンキング

　ところで「スデマヤカオハカナイノシタワ」は全部で１４個の情報であるので，そのまま短期記憶するにはかなり困難がある．それを「スデ(素手)・ヤマ(山)・カオ(顔)・ハカナイ(はかない)・ノシ(のし)・ワタ(綿)」とすれば，６つの単語（６個の情報）になって覚え易い．もちろん「ワタシノイナカハオカヤマデス(私の田舎は岡山です)」では，さらに半分程度の情報のかたまりになる．このように情報はかたまりにするやり方(チャンキング)しだいでつめこまれかたが異なってくる．

　この情報のかたまりをチャンクという．すこし詳しくいうとミラーが不思議な数と呼んでいる「7±2チャンク」が短期記憶の量的限界であるといわれる．７という数字は確かに不思議な数で多くの場面で現れてくる．例えば，七福神や虹の七色，ラッキーセブン，七人の侍などという言葉も浮かんでくる．どうやら単に記憶の量的限界というだけでなく，我々が一度に扱える認知的限界が関連しているのだろう．電話番号や郵便番号などが基本的に７桁程度なのも経験的に割り出された長さなのだろう．

(2) リハーサル

さて短期記憶へ移行してきた情報は，リハーサルと呼ばれる操作を行なうことで保持時間が延長されるが，これも無制限に伸びるわけではなく，あくまでも短期記憶は一時的な作業用の記憶である．なおリハーサル(rehearsal)とは，稽古・繰り返し・復唱のことで，例えば，電話帳で見つけたばかりの番号へ電話するとき，272-3185，272-3185とつぶやきながら番号を忘れないようにしたことは，誰もが経験しているだろう．これは維持リハーサル（一次リハーサル）と呼ばれる．

またリハーサルには，記憶内容を理解しその意味を捉えて，すでに自分の持っている知識の体系と関連づける操作もある．これが精緻化リハーサル（二次リハーサル）と呼ばれる操作である．ウッドワード（1973）らによれば，維持リハーサルは再認テストの成績に影響し，精緻化リハーサルは再生・再認テストの両方に影響するという．

これらのリハーサルを通じて繰り返され，意味を捉えられた情報は，最後の第3段階である，長期記憶へと移行することになる．

(3) 処理水準仮説

クレイクとロックハート（1972）は，「記憶の保持量は入力情報に対してなされた処理の深さ，すなわち精緻化の量に依存する」という処理水準仮説を提唱した．例えば，単語の記憶の場合，文字や音韻のような外面的・物理的な特徴よりも，意味処理を行なった方が記憶保持量が多い．これは物理的特徴への処理に比べて，意味処理は処理水準が深い，つまり精緻化の量が多いからである．現在では彼らの説は，処理水準の深さについての客観的な尺度があいまいであるとされているが，意味処理の重要性へ着目させた貢献は大きい．

3．長期記憶

長期記憶（Long Term Memory, LTM）は，極めて安定した情報保存・検索システムである．短期記憶においてさまざまな処理を経て符号化された情報は，長期記憶に保存され，必要に応じて検索され，再び短期記憶へと取り出され使用されるのである．

(1) 記憶物質

マッコーネルやヒデンの実験に始まり，電気痙攣ショックによる逆行性健忘実験，蛋白合成阻害剤による検証などによってほぼ決定的と考えられていることは，長期記憶が何らかの物質的な形になって貯蔵されているという説である．もっともこの記憶物質が何であるかについてはいまだ不明であり，RNAあるいはある種の蛋白質，神経伝達物質などがその候補とされている．しかしながら，ごく初期に言われていたような記憶物質が単一

で記憶情報すべてを担っているという仮説は，少々単純すぎると思われる．

(2) 記憶貯蔵モデル

また長期記憶はどんな物質であるかとは別に，情報システムとしての観点から見ても，記憶がどのように保持されて検索されるのかは興味深い．これにはコリンズとクゥリアン(1969)の意味記憶の階層構造モデルが提唱されて以来，様々な貯蔵構造が提唱されていて，個々のモデルの妥当性が実験的に検証されつつある．

第3節　再現過程

記憶は一方的に保持されるのではなく，保持されたものは検索され使用される．再現の検査の仕方には，次の3つの方法がある．

(1) 再生：手掛かりなしで思い出す（例えば，記述式テスト）．
(2) 再認：ある項目があったか否かを聞く（例えば，多肢選択式テスト）．
(3) 再構成：部品を与えて元のパターンを構成させる（例えば，モンタージュ写真）．

1．検索

(1) カテゴリー手掛かり

タルヴィングとパールストン（1966）は，カテゴリーとともに項目を提示して両方覚えるように要求した．再生テストとして，統制群には項目だけを自由再生（ノーヒントで全部思い出させる），実験群は先のカテゴリー名を全部与えて，項目のみを再生させた．すると，カテゴリー手掛かりを与えられた群の方が多くの項目を再生できた．また統制群にその後カテゴリー手掛かりを与えると，思い出せなかった項目がさらに再生できるようになった．これは，保持された記憶を取り出すには検索が必要であり，そのためには検索の手掛かりが使われること，そしてカテゴリー名という適切な検索手掛かりを最初から与えてあると，検索がより容易になることを示している．

再生テストよりも再認テストのほうが容易であるということは日常的に体験することが多いが，これは再認テストの際に示されるリストが，検索手掛かりとなることによるのだろう．

(2) 文脈

記憶は，覚えたときの身体的な条件や回りの環境などの付帯的なできごとと，同時に符号化されるといわれる．これら背景となる情報は文脈と呼ばれる．いわば文脈は意図的でない検索手掛かりであるともいえる．従ってある記憶は，覚えた際に存在していた文脈

では再現が容易になる．

例えば，ゴッデンとバッデレイ（1975）は，水中で記憶したリストは陸上でテストするよりも，水中でテストしたほうがよく思い出すという文脈効果を報告している．日常的にも，酒の席上での会話は忘れやすいことは知られている．もちろんアルコールの効果もあるのだが，実は酔った状態そのものがこの文脈を提供しているため，しらふのときには思いだしにくくさせているとも言えるのである．

2．再構成

記憶の符号化は，カメラのフィルムのような，単なる経験の写しではないことは前に述べた．検索され呼び出された記憶も使用するために，再構成されるのである．

バートレット（1932）は，再構成の過程が準拠する認知的な枠組みをスキーマ(schema)と呼んだ．年齢や文化，習慣などによって，このスキーマは異なるという．従って同じ物を見て記憶したとしても，再現するときに（再構成されるために），各自違った情報を得ることもある．

第4節 忘却の理論

1．エビングハウスの忘却曲線

ドイツの心理学者エビングハウスは，人間の記憶について，初めて体系的な実験研究を行なった．そのなかで彼は，実験前の記憶の経験の個人差をなくすため，無意味つづりを考案したり，忘却の程度を測定する方法として，節約率（最初の学習に要した試行数－再学習に要した試行数／最初の学習に要した試行数）を用いる再学習法を工夫した．これらの材料や方法論は，その後の記憶研究に多くの影響を与えた．

なかでも彼の測定した忘却曲線は，忘却量が時間の関数であることを示した．それに

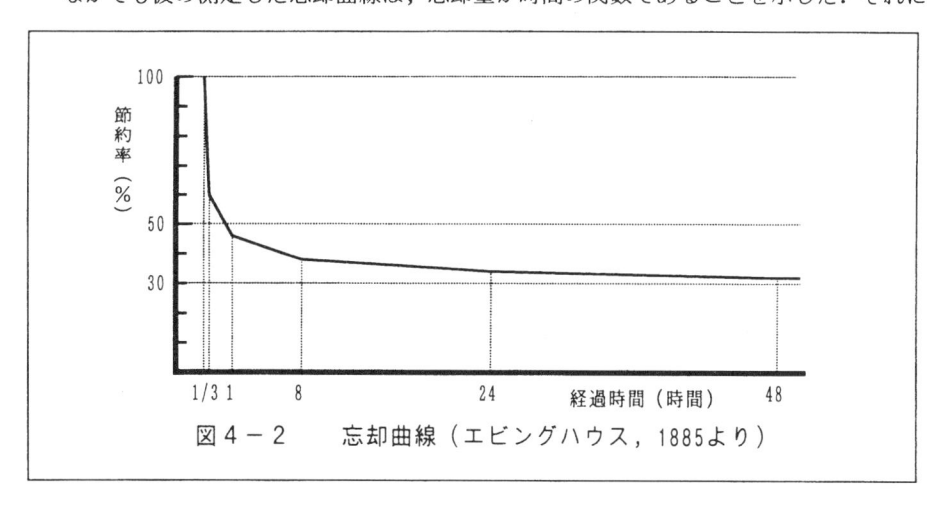

図4－2　忘却曲線（エビングハウス，1885より）

よると無意味つづりのような記憶獲得の難しい人工的な材料の記憶は，記憶完了後1時間以内に約50％程度忘却してしまう．しかしその後は忘却の速度はしだいに鈍り，約30％程度の記憶はかなりの日数経過しても保持されていることが分った（図4-2）．

２．忘却原因の諸学説

長期記憶に保持された情報はかなり安定している．しかしいくつかの原因により思い出せなくなるものもある．これを忘却という．以下なぜ忘却が起きるのかについての学説をみていく．

(1) 干渉説

忘却が記憶獲得後の作業の有無によって左右されるという，ジェンキンスとダレンバック（1924）の実験を見てみる．ある項目について同様の記憶量がある人々を，①ずっと別な作業をさせて起こしておく覚醒群，②そのまますぐに眠らせてしまう睡眠群に分けて比較したところ，睡眠群の方が覚醒群よりも忘却量が少ないことがわかった．

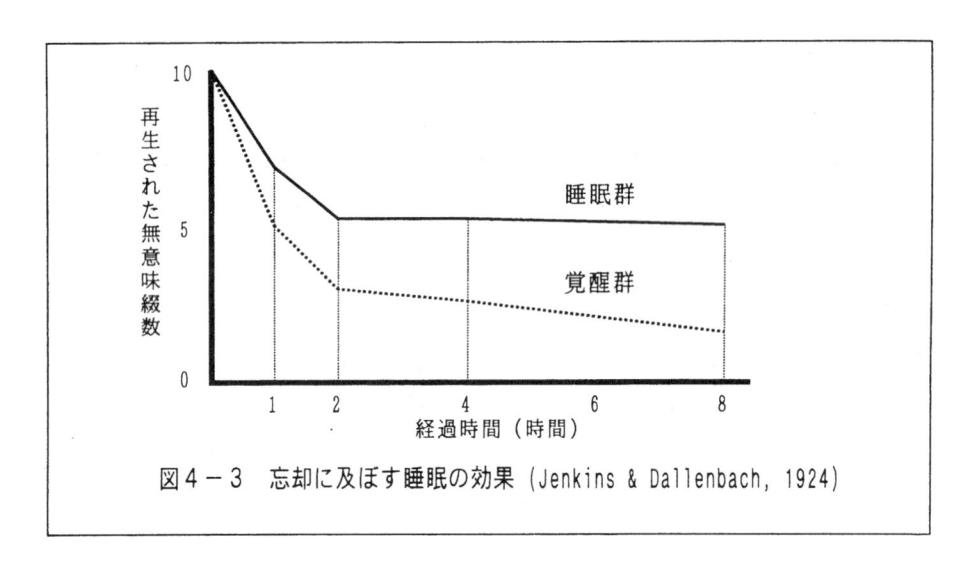

図4-3 忘却に及ぼす睡眠の効果 (Jenkins & Dallenbach, 1924)

これは覚醒している間に新しい記憶を得ることが，既に獲得している項目の記憶に対して妨害的に作用する（干渉あるいは逆向抑制という）ためと説明できる．またもう少し詳しく見てみると，新たな記憶と既有の記憶がどの程度似ているかということも妨害の程度と関連している．一般に類似度が高いほど，妨害的であるといえる．

身近な例でいえば，定期試験の勉強が済んだ後，もう安心だ完全に覚えたといってビデオなどを見ていてはいけない．すぐに寝てしまうことが心理学的には得策のようだ．また試験対策で類似の項目をいくつか覚えた場合，相互に干渉し合って区別がつかなくなる

可能性がある．そこで類似の項目は，特に違いの部分を明らかにするように意識して覚えることをお勧めする．

(2) 検索失敗説

再現の節でカテゴリー手掛かりの効果を見た．この手掛かりが何らかの原因で使用できなくなることが，忘却の原因とする説である

舌端現象と呼ばれる身近な例を考えよう．テレビドラマを見ていると，見覚えのある俳優が登場した．顔は記憶にあるし，確かにその俳優の名前を以前に知っていたことには確信が持てる．しかし喉元まで出掛かっているのに，名前が想い浮かばない．気になって，その俳優の名前を家族と一緒になって思い出そうとして色々な思い付きの名前をいってもらいながら，それは違うなあ，もっと変な名前だったなどと，思い付きの名前を判断し，うまくいけばそうそれだと突然明らかな記憶回復を起こすかも知れない．こんな経験は誰にでもあるのではないだろうか．この現象が「舌端現象」である．

さてこの場合，名前という記憶本体は一時的に再現できない状態すなわち忘却状態であるが，その名前は記憶しているはずだという付随した記憶情報は存在している．つまり思い出せない忘却状態は記憶本体が失われてしまったからではなくて，本体を検索する手掛かりが失われているためだと説明できるのである．もしも記憶本体が失われているならば，思い付きの名前と思い出せないはずの記憶本体とを照合して正しいか否か判断したりすることは不可能であろう．

(3) 動機づけ説

覚えておこうとか忘れようという動機づけの要因を重視する説である．

精神分析のフロイトは，本人に不都合な感情や思考を無意識に押し込めるという抑圧現象を観察して，思い出したくないことは忘却され易いとした．また一見無意味に思われる別な記憶が真の記憶をおおい隠すこともあるという（隠蔽記憶と呼ばれる）．つまり記憶保持・再現には動機づけが影響するというのである．

ロシアの臨床心理学者ゼイガルニイクの実験によれば，ある作業課題について見ると，完了してしまった課題内容よりも，中断された未完了の課題内容の方がよく記憶されているという（ゼイガルニイク効果と呼ばれる）．これは未完了の課題は作業遂行のために課題内容を保持しようとする動機づけが働くことによると説明できる．終わった課題はその動機づけがなくなるので忘却するのである．

【デモ実験】 部分報告法による直接記憶範囲の測定

1．背景
　我々は一瞬のうちにいったいどれくらいの事象を区分して知覚し記憶できるのだろうか．これは直接記憶範囲(Span of immediate memory)と呼ばれ，これまでも多くの実験がなされている．ミラー(1956)は，それらの結果を総合し，7±2個であろうと提唱した．

　さて，電話番号をちょっと覚える場合のような短期記憶の量的限界も，本来は無段階で変化する虹のスペクトルを何色と把握するかという知覚上の区分にも『7』という数字は関連してくる．おそらく7±2は，我々の認知的システムの量的制限なのであろう．

　ここでは，感覚記憶における量的な限界がどうなっているのかを実際に測定して考察しよう．

2．目的
　スパーリング(1960)の感覚記憶容量の測定実験の一部を追試する．併せて全報告法と部分報告法の結果を比較してその違いを考察する．

3．方法
(1) 装置：刺激文字列および手掛かり音，弁別音の刺激提示装置としてパソコン（文字列提示は本格的には瞬間露出装置＝タキストスコープの使用が望ましいが），ビデオモニタ．

(2) 被験者：ランダムに全報告（A）条件と部分報告（P）条件に分かれて，全員が被験者となる．

(3) 手続き
　①初期説明と練習試行：条件分けなどの初期説明の後，練習試行を行う．練習試行では，手続きは本試行同様だが，練習刺激文字列を提示して，条件別の再生テストの練習をする．弁別音聞き取り練習も行う．

　②本試行：記録は巻末のレポートシートを用いる．試行の手続きは以下のごとし．まず試行開始の合図をして，1秒間隔で前駆音を3回提示する．次に3段3個合計9個のアルファベット大文字を50ミリ秒間瞬間露出して消去，直後に3種類の弁別音のうちどれかを200ミリ秒提示する．

　被験者は弁別音提示を合図にして，条件に応じて見えたもの（順不同可能）を記録欄に記入する．A条件は見えたもの全部を記入する（ただし記入可能文字数は9個以下とする）．一方，P条件は弁別音に応じた段（前駆音より高音なら上段，前駆音と同音なら中段，前駆音より低音なら下段）の3個を思い出し記入する（ただし記入可能文字数は3個以下とする）．試行後一定間隔を空けて，以上を繰り返す．

　測定終了後，気付いたことなどを内省報告欄に記入する．

4．結果の整理
①ペアの人とレポートシートを交換して，発表される正解に従って，正再生文字数を数えて合計する．それを3で割り，小数第2位を四捨五入，小数第1位まで求めて記入する．これが直接記憶範囲（スパン）である．

②班ごとに班別記録用紙に各自のスパンを記入の上回覧，班内全員のデータを2つの条件別に集計，平均とSDを計算する．

5．考察点
　レポートシートの各考察点を答えなさい．

【参考文献】
小谷津孝明　1982　現代基礎心理学4記憶　東京大学出版会

【デモ実験】 再現に及ぼすカテゴリー手掛かりの効果

1．背景

　記憶の再現をテストする方式には，大別して２つある．記述式試験のように完全にノーヒントの（A　　　）テストと，多肢選択式の試験のように，正解を含めたヒントが与えられる（B　　　）テストである．一般に（B）は（A）に比べて容易である．

　多くの研究者は，この２つの過程を別々のものであると考えているが，手掛かりを工夫すると両者の成績が逆転するという報告もある．また両者が実は同じものであるとする主張もあり，２つの再現法と手掛かりの関係は今後の研究課題である．

　さてここでは，手掛かりの効果に焦点を当ててみる．記銘に際して適切な手掛かりが与えられるとき，記憶の再現にどのような影響を与えるのかを考察しよう．

2．目的

　具体的には，タルヴィングとパールストン（1966）のカテゴリー手掛かり実験の一部を追試する．

　訓練時に記憶項目と対で与えられたカテゴリー手掛かりが，再生の際にすべて与えられる場合と手掛かりなしの完全な自由再生の場合とで，再生数の違いを検討する．

3．方法

　(1) **装置**：刺激単語スライド（漢字２字の名詞とカテゴリー名詞の対），スライドプロジェクターなどの刺激提示装置，再生テスト用紙２種類（全カテゴリー名の印刷されたもの・されていないもの）．

　(2) **被験者**：全員が被験者となる．訓練終了後に，ランダムに手掛かり再生（C）群と手掛かりなし再生（NC）群に分けてテストする．

　(3) **手続き**

　①初期説明と練習：本訓練同様に，練習刺激単語を４個提示して，再生テストの練習もする．

　②本訓練：カテゴリー名・刺激単語対を１０秒間隔で連続して提示し両方を記憶させる．終了直後から全員３分間閉眼し，その間に群分けに応じてテスト用紙を配る．

　③テスト：再生テストする．思い出した順に従って書く．時間は１５分間．その後NC群全員に全カテゴリー名のリストを示し，さらに５分同様に再生を続ける．この間に再生されたものは先の再生単語とは別欄に記録する．また同時に記憶方略に関する自己評定欄も記入しなさい．

4．結果の整理

　結果は，指定された班内全員のデータを２つの条件別にまとめて集計し，レポートする．

　具体的には，まず個別に記録用紙を見て
　①C群は，自分の正再生単語数（正しく再生された単語の数．解答としてカナ書き・誤字は不可）と誤再生単語数を数える．
　②NC群は，C群と同様に数えた上に，カテゴリーリスト提示後の結果も別に数える．

　次に班ごとに，
　③班別記録用紙（結果の整理の当日に配布する）に各自の正再生・誤再生単語数を回覧して記入し，全員回ったら，各自で集計して，平均とSDを求める．
　④班別平均とSDを使って，各自グラフを作成する．そしてグラフについて，そこ

から読み取れることを箇条書に記述する．

5．考察点

以下の各考察点について答えなさい．

①手掛かり再生（C）群と手掛かりなし再生（NC）群とで，正再生単語数に違いが見られるか．あるとすれば，それはなぜかの説明を試みなさい．

②手掛かり再生（C）群と手掛かりなし再生（NC）群とで，誤再生単語数に違いが見られるか．あるとすれば，それはなぜかの説明を試みなさい．

③NC群でカテゴリー手掛かりが与えられた後の再生単語数について，考察しなさい．手掛かり提示前の再生単語数と合計して，C群との比較も試みなさい．

④テスト時に記録した記憶方略について考察しなさい．方略の違いが再生単語数と関連しているだろうか．

【参考文献】

小谷津孝明　1982　現代基礎心理学4　記憶　東京大学出版会

第5章　発　達

発達は，後に見るように発達段階別に研究されることが多い．なかでも乳幼児期は，研究対象としても研究法のうえからも，非常に重要な意味を持つ．もちろん乳幼児心理のみでなく，児童心理・青年心理・老年心理を通じた生涯発達の研究の重要性は最近では特に認識されつつある．しかし残念ながら本章では紙面の制約から，発達理論と乳幼児心理の最重要な概念に絞って述べることにする．

第1節　発達とは

1.発達の定義

発達（development）とは，受胎から死に至るまでの，一定の方向性を持った個体の心身の構造・機能における連続的・連関的な変容過程である．狭い意味では，発達は精神的・質的な分化と統合の過程を指し，一方，身体的・量的な変化は成長（growth）と呼んで区別することもある．

2.発達段階と発達課題

発達は連続的な過程であるが，ある時期には特に顕著な変化を示す側面が見られる．この側面に着目して発達を区分したものが，発達段階である．その代表的な区分法を表5－1に示した．また発達が学習と成熟とによって起きることは既に述べたが，その学習の要因から見て，ある発達段階にはその時期に達成することが期待される課題がある．これがハヴィガーストの発達課題である（表5－1　最下段）．教育の目的のひとつは，この発達課題を達成できるように援助することだといえる．

3.成長速度曲線

発達は側面によって異なる速度のパターンを示す．1930年，スキャモンは，２０歳の時点を100％とした成長指数を用いて成長速度を調査し,それを以下の４つのタイプに分類した（図5－1）．

(1) リンパ型

１１から１３歳ごろにピークを持つ山形の発育曲線が特徴である．扁桃腺などのリンパ腺，内分泌腺の発育に見られる．

(2) 神経型

表5-1 代表的発達段階区分と発達課題(高野ら,1975より作成)

提唱者	年齢	5		10		15	
文部省(1945) 暦年齢による区分	乳児期	幼児期		児童期		青年期	
シュトラッツ 成長面特徴による	乳児期	第1充実期	第1伸長期	第2充実期	第2伸長期	第3充実期	成熟期
ピアジェ 認知的機能区分	感覚運動期	前概念期	直観的期	思考期	具体的操作期	形式操作期	
エリクソン 心理社会的課題	基本的信頼感	自律感	主導感	勤勉感		同一性	親密感
フロイト 精神分析的発達観	口唇期	肛門期	男根期	潜伏期		性器期	成人期
ハヴィガースト 発達課題	乳幼児期 歩行,会話,排泄制御 良心,情緒的交流			児童期 読み書き,身体技能習得 交友,生活習慣の習得		青年期 性役割,価値観確立 職業準備,情緒的独立	

0から5歳ごろに急速な発育を示すのが特徴である.大脳などの神経系の発育に見られるタイプである.例えば大脳の重量で見ると,4歳児は成人の脳重量の約8割に達してしまう.

(3) 一般型

乳幼児期と青年期に急速な発育を示すが,児童期にはなだらかな停滞を示すS字型曲線が特徴である.身長や体重,それに関連した骨格,筋肉の発育に見られる.

(4) 生殖型

青年前期に急激な発育を示すまで,生後ほとんど変化しないのが特徴である.生殖器官および2次性徴にかかわる発育に見られる.

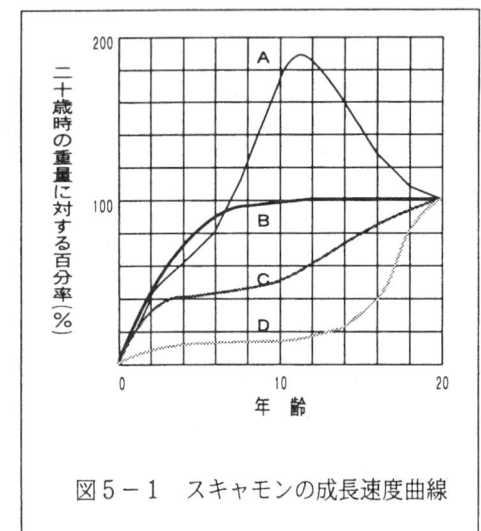

図5-1 スキャモンの成長速度曲線

ただし,年齢的な対応が固定的ではないことに注意して欲しい.例えば,先進国の都

市部の発達加速現象に見られるように，栄養状態や文化的刺激によっても，成長速度が変化することが知られている．

第2節 ヒトの新生児の特殊性

1．新生児の分類

生物学者のポルトマンは，動物の新生児の比較研究からヒトの新生児の特殊性を提唱した．彼によると，哺乳類の新生児は大きく分けて2種類あるという．

(1) 就巣性

ひとつは，妊娠期間が短くて，一度に出産する子の数も多く，極めて未熟で生まれるために，親の養育が必要不可欠である種で，養育のための巣が必要であるため,就巣性（巣に居るもの）と名付けた．これには，多くの下等哺乳類，ネズミやイタチ，ウサギなどが当てはまる．

(2) 離巣性

もうひとつは，妊娠期間が長く，一度に出産する子の数は1から2と少ないが，出産直後すでに成熟が進んでいて，かなりの運動能力がある種で，出産のための巣を作らないので，離巣性（巣から離れているもの）と名付けた．これには，多くの高等哺乳類，ウマ，クジラ，サル，ヒトを除く霊長類などが当てはまる．

(3) 2次就巣性

彼はこれら2種類の新生児を持つ種を比較することで，哺乳動物は就巣性の出産戦略から離巣性へと進化してきたのだろうと推論しており，それらはほぼ妥当であろう．

しかし奇妙なことには,もっとも進化を遂げて高等であると思われるヒトの新生児は，彼のいうこの進化の方向性に逆らっているように見える．つまり妊娠期間や子の数などは離巣性動物の特徴を持ちながら，身体的には就巣性の動物と同様に極めて未熟な状態で生まれるのである．他の高等な離巣性動物を見ると，例えばクジラは生まれてすぐ泳ぐし，ウマは数時間で立ち上がり歩けるようになる．一方，ヒトの新生児は立ち上がるどころか首も座っていない．歩けるようになるには生後1年近くも掛かるのである．

この矛盾をポルトマンは，ヒトだけに見られる特殊な進化の結果であると考えた．すなわちその巨大な大脳とそれによる高度な適応能力がヒトの種の進化の特徴であるが，一方，母親の身体的なサイズによって，産むことのできる新生児の頭の大きさは制限されている．ヒトの胎児は出産可能な最大の大脳の大きさに達しても，まだ成熟状態にはならない．そのためヒトは常習的に「生理的早産」をするようになった．だから出生直後のヒトの新生児は極めて未熟なのである．そしてヒトの未熟状態は就巣性動物のそれとは異なる

背景を持っているという意味を込めて，ヒトだけを「2次就巣性」動物であると分類したのである．

また歩行や言葉の成熟度から考えて，ヒトは出生後1年目に本来の出生時の成熟状態に到達する．それまでは胎外に存在してはいるものの胎児の特徴を多く持つ．非常に重要な大脳を保護する頭蓋骨すら一部噛み合せが不完全な状態である．それらの特徴を捉えて，ポルトマンはヒトの生後1年を，「子宮外胎児期」と呼んだ．

2．ヒトの新生児の養育の注意点

ヒトの新生児は前項で見たように，その基本性格は子宮外胎児である．すなわち胎児の特性と幼児の特性とを同時に持っている．0歳児の養育はその点から考えて，次の3つの事柄に注意を払う必要があるだろう．

(1)強すぎる物理的刺激から保護すること．

0歳児は体外にいる胎児である．本来は子宮内部で保護されるべきものであるため，彼らは非常にデリケートである．成人に比べると様々な刺激に対しての抵抗力が少ない．暑さ寒さに弱いだけでなく，強すぎる光や音，震動，物理的衝撃など彼らには有害である．

養育者は，0歳児を取り巻くこれらの刺激強度にいつでも気を配っている必要がある．

(2)適度の強度の豊富な遠感覚刺激を与えること．

0歳児の特徴はなんといってもその巨大な大脳である．彼らは子宮内環境では類似した状態におかれ，その刺激環境は比較的単調である．しかし出生後は，様々な学習が可能な準備された状態で生まれてくる．出生直後から視覚や聴覚などの遠感覚を使って，環境からの刺激を積極的に取り入れようとするのである．

そのために有害でない適度の複雑さを持つ遠感覚刺激を与えることは，神経系の発達を促進すると考えられる．事実この時期は，神経系内部の神経細胞同士の接合部分であるシナプスや神経ネットワークの腕である樹状突起の枝別れが盛んに増加する時期である．大脳重量の増大は，神経細胞数の増大と言うよりもこれらネットワーク関連部分およびそれらを支える栄養細胞の増大である．そしてこれらは大脳のハードウエアとしての性能を左右する重要な要因なのである．

(3)心身の安定を図ること．

前項では外部環境との積極的な相互作用が心身の発達に影響することを示したが，乳児側が積極的に外部へと働きかけるためには，乳児の心身の安定が確保されることが必要である．高熱があったりひどく空腹であったりといったように身体条件が悪いことはもちろん学習活動に影響する．さらに愛着の形成の項で後述するように，愛着対象との密接な

関連はすべての学習活動の基盤となっている．愛着対象が不在なために強い不安状態であると学習の基本条件である好奇心を発揮することは困難となる．逆に，見守られているという安心感は好奇心を発揮させ，学習を促進するのである．

第3節 発達の理論

「カエルの子はカエル」あるいは「瓜のつるにナスビはならぬ」という諺がある．子は親に似たように育つ，あるいは平凡な親からは非凡な子どもは生まれないというように，血筋（遺伝）の果たす役割の大きさを指していると思われる．

一方，「氏より育ち」という諺もある．生まれた血筋・家柄よりも出生後の教育や環境の方が大切だ，という意味である．「三つ子の魂百まで」ともいう．これは特に幼い頃の成育環境の影響の大きさを示しているのだろう．

さて，現在のあなたは何によって決まってきたのだろうか．生まれつき（遺伝要因）だろうか，それとも育ち方（環境要因）だろうか．どちらが大事なのか．

結論からいえば，遺伝要因と環境要因の相互作用を通じて両方の要因の影響を受けながら，あなたは形作られてきたと現代の心理学者は考えている．そして2つの要因の影響の大きさの程度は，発達側面によって異なっている．例えば，身長や体重，特定の病気へのかかり易さなどは遺伝要因の影響が大きく，逆に知的能力などは環境要因の影響が大きいと思われる．

以下では，発達要因についてなされた主張を歴史的に振り返りながら，どのような研究によって現在の結論に到達したのかを見て行くことにする．それぞれの主張のどこは正しく問題点はどこにあったのかに注意して欲しい．

1．単独要因重視の理論

心理学の歴史の項でも触れたが，近代心理学成立以前から，ヒトの持つ様々な側面がどのように身に付いてくるのか（つまり発達するのか）に関しては，遺伝要因を重視する「生得説」と，環境要因を重視する「経験説」とが哲学の分野でも論争を繰り返してきた．本節の導入に述べたような諺における混乱も，これらの論争を反映しているのだろう．

強いて分類するならば，生得説の方がより古く保守的な考え方で，経験説の方はより新しく革新的である．そして近代心理学はその成立の背景から見ても，元来経験説への偏りがあるといえよう．

(1)生得説

① 家系研究

特定の家系に属する人々を特定の観点から他の家系の人々と比較し，家系に流れる遺伝的な素質に原因を求めたものである．

例えば音楽家バッハの家系を調べると，世界的にも有名なヨハンセバスチャン以外にも著名な音楽家や音楽関係の仕事についていた人物が，非常に多かった．これはバッハの家系に音楽的な素質（才能）があるためだとし，遺伝的要因の優位性を主張したのである．家系研究には，ゴールトンの天才家系研究やゴッダードのカリカック家研究などがある．

② 英才児研究

ターマンは，自ら改訂したスタンフォード・ビネー式知能検査を用いて，高い知能指数（IQ140以上）を持ついわゆる「英才児」に対して35年間もの縦断的研究（追跡研究）を行い，英才児達がその後も高い知能を持ちつづけたことを見出した．そしてこれを成長によって色々環境が変化したにもかかわらず，知能という素質は遺伝的に決められているために変わらなかったのであるとした．

③ 階段登り研究

ゲゼルは遺伝的要因と環境要因の影響を分離するために，一卵性双生児を異なる条件で訓練し比較するという双生児比較法を用いた．そのなかでも代表的な実験は，階段登り実験である（図5-2）．

階段登り実験では，一卵性双生児を用いて，それぞれ異なる時期に階段登りの訓練を施して，成熟（遺伝要因）と訓練（環境要因）の関係を調べようと試みた（ゲゼルとトンプソン，1929）．その結果，①成熟前に訓練を6週間うけた子どもは，訓練直後には②未訓練の兄弟に比べて早く階段を登った．しかし未訓練の兄弟が成熟後に2週間訓練された直後では，成績は逆になった．

これを彼は，総計訓練量は①の方が多いのに，②の方が後には早く階段登りできたのは訓練時期が成熟後であったためで，成熟を待たない早期の訓練はいかに量的に多くても無効であることを示すとし，成熟待ちを強調した．このように，発達は遺伝的にスケジュ

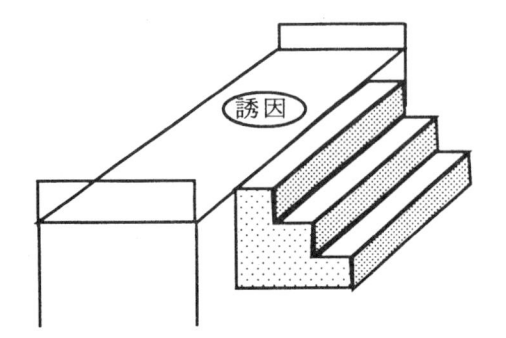

	成熟前	成熟後
T	6週間訓練後 26秒	訓練せず 26秒
C	訓練せず 45秒以上	2週間訓練後 10秒

図5-2　階段登り実験装置と結果（Gesell & Thompson,1929）

ールの決められた成熟時期に従い進行するという説を，発達予定説と呼ぶ．そして彼の発達予定説は長い間，遺伝要因重視説の中心となった．

　しかし彼らの研究法は，その後不備も指摘されている．もっとも大きな問題点は，結果の解釈である．彼らの結果は，ある発達側面にとって最適な訓練時期があることを示しているに過ぎず，確かに階段登りなどでは歩行行動の成熟前には訓練は無意味であった．しかし例えばローラースケートのように，歩行行動の成熟前に訓練した方がかえって訓練効果がある場合も見いだされているし，なかには成熟後であっても訓練に最適の時期を逃すと訓練効果のない行動も考えられるのである．このような訓練に最適の時期を臨界期（あるいは敏感期）と呼ぶ．彼らの観点に不足しているのは，臨界期の概念であるといえる．

　(2)経験説
　① 発育初期環境の重視
　精神分析を創始したフロイトは，当時は遺伝的な原因によると考えられていた神経症を生育初期の経験（すなわち初期環境要因）に原因があるとした．特にヒステリーは女性特有の遺伝病とされていたが，男性にも見られること，それが幼児期の外傷的な体験や育てられ方と関係があることを主張し，環境要因を重視した．

　② 養子双生児の比較研究
　ターマンの英才児研究の問題点は，成長によって環境が変わったとしているが，同一の家庭で育った英才児が果たしてそれほど異なる環境にさらされたといえるだろうかという点にある．この疑問を解決するためには，同一の遺伝的素質を持ったものを異なる環境で養育して比較することが必要である．

　ゲゼルらの用いていた双生児比較法を，それぞれ異なる里親へ養子に出された一卵性双生児に適用することで，この点は解明された．それによると知能という側面に関しては，教育的環境が大きな影響を持っていること（知能差と教育環境差の相関が高い）が示された．もっとも逆にみれば，相関しない部分は遺伝要因によって決まるともいえる．

　③ ワトソンの行動主義
　行動主義を提唱したワトソンは，徹底した環境要因重視を主張し，適切な環境さえ用意すれば，子どもをどんな職業人にでもしてみせるといった．彼にとって発達はすべて学習によって決定されるものであった．学習理論におけるのと同様，彼のこの主張は極端すぎると批判された．

2．単純加算を考えた理論
　生得説と経験説の論争を通じて明らかになってきたことは，単独の要因のみで発達す

べてを説明することが困難だと言うことである（例えば，養子双生児の比較研究の結果など）．そこで両要因の影響を認める折衷的な立場が現れる．つまり「氏も育ちも大事」とする立場である．

　典型的なものが，シュテルンの唱えた輻輳（フクソウ）説である．輻輳説は，遺伝要因と環境要因は加算的に発達に影響すると考える．①ある発達側面では遺伝の効果が９０％，環境の効果が１０％，②別の側面では両者５０％ずつ，③また別の側面では遺伝が１０％，環境が９０％というように，発達側面によってそれぞれの相対的な影響の程度が異なるとする．例えば，①身長や体重，音楽的才能，②知能，想像力，③運動技能，食物の好みなど．

3．相互作用を重視する理論

　単純加算説は，両方の要因の影響を認めたことで，単独の要因説よりも予測性は良くなった．しかしどちらがどの程度影響するのかは，どうして決まるのかを説明していない．最も重要な欠点は，発達側面に及ぼすそれぞれの効果がそれほど固定的とは思われないという点にある．つまり同じ環境の影響を受けてもその効果は受ける側の生体の状態によって変わってくる場合がある．実際，初期経験の重要性が認識されるに従って，遺伝－環境相互作用が重視されるようになった．現在では，遺伝要因と環境要因の加算的関係だけでなく，両要因の相互作用を重視する相互作用説が主流となっている．相互作用説は，ある発達側面に遺伝と環境がどのように相互作用してそれらを形成してくのかを実証的に調べようとする立場である．

第４節　愛着の形成

1．条件づけ説

　既に述べたように，ヒトの新生児は究めて未熟な状態で生まれるために，養育者による保護と養育行動が必要不可欠である．そのためアメリカの発達心理学者シアーズは，養育者と子どもの間のきずなを，これらの養育行動によって条件づけられることで形成されるとした．

　ヒトの新生児は，空腹になると授乳されるしオムツが濡れると交換してもらうということを一日に何度も経験する．このように空腹などの不快状態が取り除かれることは赤ちゃんにとって快い出来事であり，養育者の存在はこの快さと同時に繰返し対にされることで（古典的に）条件づけられるというのである．条件づけが完成すると赤ちゃんは，養育者が存在するだけで快さを覚えるようになり（養育者が快のシンボルになるという），シア

ーズらはこれに基づいて，養育者－子ども関係（依存関係）が形成されると考えたのである．

　２．接触欲求説

　　アメリカの比較心理学者ハーロウは，赤毛ザルの孤立飼育の研究から愛着形成には生得的な要因が重要であると考えるようになり，シアーズらの説に反対した．彼は生得的な接触欲求が愛着形成の重要な要因であることを示すために，赤毛ザルの代理母親実験を行なった．

　　代理母親実験のうち，実験の実験結果とその意義を紹介しておく．
実験手続きとしては，赤毛ザルの新生児を単独で，布製母親モデルと針金製母親モデル両方の入ったケージに入れて，どちらか一方のモデルのみに取り付けた哺乳瓶からのミルクで人工飼育した．モデルの肌触りと養育（授乳）の有無の２要因の関係を検討するためである（図５－３）．
その結果として，

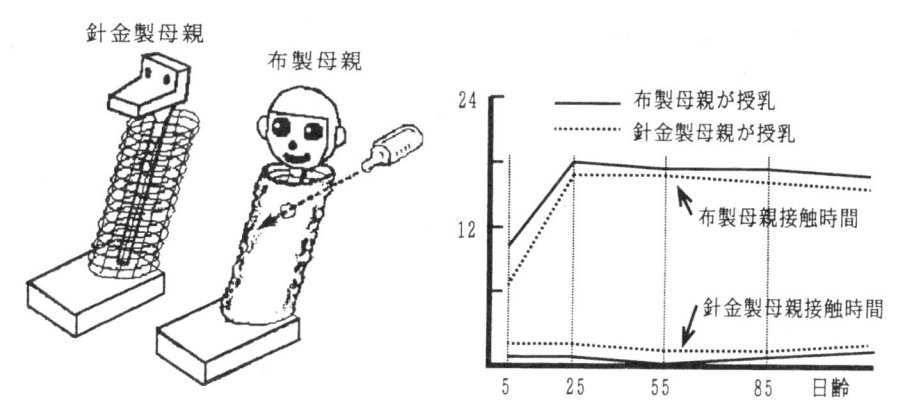

図５－３　代理母親実験（Harlow,1958）

　(1)授乳の有無とはほとんど無関係に，肌触りの良い布製母親モデルに抱きついて過ごす時間が長かった（平均して一日の80％の時間）．

　(2)この状態で数カ月人工飼育した後に，子ザルを脅かして不安にさせると布製母親モデルに抱きついて安心感を得ようとした．すなわち本物の母親への愛着と類似の愛着が形成された．

　(3)このモデルへの愛着はその後数カ月のモデルとの分離飼育によっても消えず長期間持続した．

(4)人工飼育を始める時期を出生後すぐでなく6カ月齢から行なうと,布製母親モデルへの偏好は見られるものの,安心感を得られるような愛着は形成されないこと,すなわち愛着形成には臨界期が存在することがわかった.

　まとめれば,少なくとも赤毛ザルでは,条件づけ要因よりも接触欲求のような生得的な要因が愛着形成にとって重要であることが示されたといえる.その結果,ヒトの育児に関しても,スキンシップという言葉が流行することとなった.

3.相互作用説

　発達心理学者ボウルビーは,ヒトの乳幼児の愛着の形成には,その他の発達側面と同様に,生得的な要因と経験的な要因とが相互作用して関わり合っているとした.またシアーズらのいう母子関係は依存関係であり,子どもの側の積極的な働きかけの観点に欠けるため,養育者－子ども間の相互的なきずなを,愛着（attachment）と呼んで区別した.

　愛着の形成には特に愛着行動と呼ばれる,乳幼児側の持つ生得的な要因が基礎となって,養育者の養育行動を引き起こし,さらにこれらの養育行動が乳幼児の行動を引き出すといったように,両者間の積極的な相互作用の反復サイクルが重要な要因であるという.

　この生得的な愛着行動には,以下の3種類が挙げられる.

(1)定位行動：新生児でも目の前を動く目立つ物体を目で追いかける追視反射や,音のする方向へ顔を向けようとする音源定位反射などの反射的な行動を示す.これらが定位行動であり,やがて養育者への注意の確保といった行動の基礎となる.

(2)信号行動：泣き声・喃語などで養育者の注意を引き付けたり,3カ月微笑と呼ばれる反射的な微笑み掛けなどが信号行動である.これを基礎としてやがて言語行動・社会行動が発達する.

(3)接近行動：定位したものへ手を伸ばして触れようとしたり(reaching),後追いをしたりする行動である.移動が可能となればこれを基礎として,やがて追従行動が発達する.

第6章　人　格

人格と適応は，臨床心理学が扱うテーマである．本章では，人格理論，心理検査，および適応理論とその治療法として心理療法について触れることにする．
なお【デモ】としてエゴグラムの測定を行って対人行動の自己分析を試みる．

第1節　人格とは

1．人格の定義

オールポートによれば，「人格（personality）とは，その人のうちにあって，その人らしさを生み出すシステム」であるという．

この personality という語は，ギリシャ語のペルソナに由来している．ペルソナとは，元来ギリシャ演劇の際に役者が被るお面を意味した．日本の能面と同様それらのお面はそれぞれ，登場人物の「性格」を表すために使われた．恐いお面は悪人，やさしいお面は女性等．やがてそれが異なる性格，個性を象徴するようになったのである．

ところで，日本語の「人格」という言葉には，「あの人は人格者だ」などというように倫理的・道徳的な価値観が含まれている．しかし心理学では，むしろ日常語の「性格」あるいは「個性」に近く，それを含んだより広いその人らしさを指していて，価値観は含まれない点に注意して欲しい．

2．人格の構造

人格はどのように作られてくるのだろうか．その他の心的側面と同様に，遺伝要因と環境要因の相互作用によって形成されると考えられていることは，発達の章で既に見た．もう少し詳しく言うならば，人格は気質・体質といった遺伝的に強く決定されている素質を基礎として，それと環境の相互作用によってより外面的な部分が作られるのである．

さらにその外側には，社会的関係における立場や職業によって要請される人格関連部分（役割性格と呼ばれる）が形成される．もちろんこれは最初は単にその社会的な関係においてのみ機能しているが，しだいに人格の内部へと結び付き内面化されることもある．そして我々から見える他人の人格は，ここが大部分なのである．

例えば，気質的には神経質で怒りっぽい人物が，おっとりと育てられることで穏やかな性格に育ったとか，内側の人格部分はどちらかというとおとなしく内気な人が，クラス委員をすることで積極的かつ活発にふるまううち，心から快活な人格表層を持つようにな

るなどである．

第2節 人格理解の方法

1．類型による理解法（類型論）

　　第一印象がその人のその後の評価にどの程度影響があるかについての実験から見て，多くの場合人は，他者を理解するための類型的な尺度をそれぞれ経験に基づいて持っていると思われる．そしてその類型的な尺度を使用して他者の評価を形成していく．

　　例えば，「冷たい人物」「暖かい人物」という言葉以外はまったく同じ文章の紹介文をそれぞれ別の群に読ませ，同一のある人物による講義を受けさせる．そしてその講義の印象を最後にまとめさせることで，第一印象と評価形成の関係を見た実験では，最初に与えられた評価の方向性に一致した判断がそれぞれの群で増加することが見られた．つまり第一印象はその後の評価の方向づけをしていることが明らかになったのである．

　(1)クレッチマーの体型による類型化

　　精神科医のクレッチマーは臨床的な観察から，特定の精神病に対するかかり易さと体型の間に関連性があることを主張した．精神分裂病にはやせぎすの細長体型，躁うつ病には肥満体型，てんかんには筋肉体型の患者が多いことから，体型類型によって特定の精神病にかかり易い気質を持つとし，それぞれの気質を分裂質，躁うつ質，粘着質と名付けた（図6－1）．これは程度の差はあるものの，正常人にも該当するという．

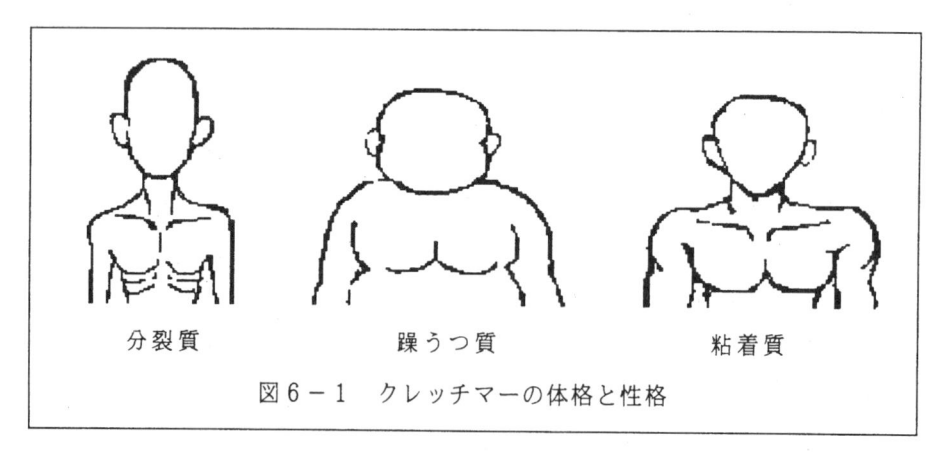

図6－1　クレッチマーの体格と性格
（分裂質　躁うつ質　粘着質）

　(2)ユングの内向性・外向性

　　フロイトの流れに属する精神分析学のユングは，リビドーの向かう方向性で人の性格を内向性・外向性と2つに大別した．そして意識と無意識におけるリビドーの方向性はお互いに逆で補い合う関係にあるという．つまり外面が外向的な人は，無意識では内向的な

のである．そして意識上の向性が強すぎたり弱すぎたりすると，無意識の向性がこれを補おうとしてバランスが崩れることがあり，それが神経症であると考えたのである．なお，その後向性を測定しようとする向性検査が多く作られているが，必ずしもユングの理論に基づいてはいない．これらは個人の対人関係の特徴を捉えようとする傾向にある．

　まとめると，類型論による理解法は日常我々が行なっている印象形成の方法にも類似しているために，その結論は非常にわかりやすいという特徴がある．誰かが神経質な人だと言われれば一度も会ったことがなくとも，強いストレス場面ではその人が感情的に行動し易いだろうといった判断がつく．

　しかしながら一方では，類型化する基準を適用困難な場合，妥当でなくなるというように，典型例以外の分類が困難であると言う欠点も持っている．例えば，クレッチマーの気質分類では，中肉中背の人の分類は難しい．さらに類型論は，その判断基準が客観的でない場合には偏見と先入観の原因ともなりかねない．

2．特性による理解法（特性論）

　生体の特徴のひとつでもある多様な個体差をどう捉えるかという点では，すべての個体を多くの尺度によって多次元的に扱おうとする特性論による理解の仕方の方が，より客観的で実際の個体差をより正確に反映しているといえる．

　ギルフォードは因子分析という統計学手法を用いて，人格を形作る１３の因子（主観性，主導性，攻撃性，不安の強さ，思考的外向性，気分の安定性など）を人格特性として抽出した．我が国ではこれに基づいて矢田部－ギルフォード性格検査（ＹＧ検査）と呼ばれる人格検査が構成されている．

　ＹＧ検査では，ある人の人格は１２の特性値のそれぞれが何点であるというプロフィールとして表現される．そしてどんな人物であっても，このプロフィールの違いと言う形で客観的に人格を捉え比較することが可能である．従って分類が困難な場合が起きてくるという，類型論による理解の仕方の欠点は克服されている．

　しかし逆にいえば，類型によって人格を理解しようとする我々の日常的な傾向からは，特性論的な人格の表現は分かりにくいともいえる．主観性が１０点で，攻撃性は４点で，リーダーシップは６点で，．．．．という羅列からある人物の人格（その人らしさ）を捉えるのは難しい．そこで実際の人格検査では折衷案として，プロフィールをさらに類型的に分類することが多く，ＹＧ検査でも，Ａ：平均型，Ｂ：問題行動型，Ｃ：おとなし型，Ｄ：円満型，Ｅ：神経質型の５つの類型を設定している．

3．精神分析による理解

フロイトは精神の構造を，心的装置と称して図6-2のように考えている．エスは無意識の領域で，原始的な本能的衝動の集合体で，生存のためのエネルギー（リビドー，性的なエネルギー）の源泉である．そして外界とエスの活動がぶつかりあって形成されていくのが，自我である．自我は外界の知覚とエスの欲求とを，うまく調整するための仕組みで意識の中心を占める．また超自我は，外界からの禁止や両親のしつけによって獲得される内在化した道徳基準，つまり良心である．自我に先立ってエスの欲求を検閲して，基準にあえば自我へ渡しその実現を図るが，認められないとエスの欲求は抑圧されることになる．

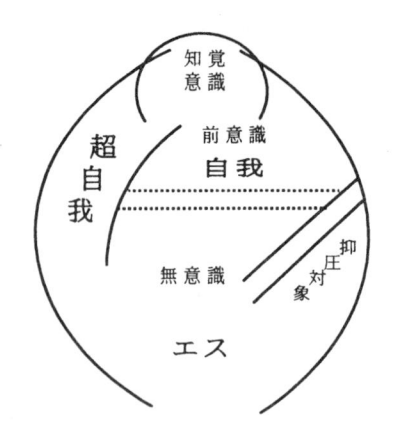

図6-2　フロイトの心的装置（精神の構造）

さらにフロイトは，リビドーは発達段階に応じて満たされていくのだが，その満足が十分でない場合，その人物はリビドー充足に失敗した段階に特有の性格を持つことになると考えた．例えば，授乳の不足や病気などのトラブルで乳児期（口唇期）にリビドー充足に失敗すると，口唇性格を持つようになる．口唇性格は，依存的で甘えが強く未熟な性格である．同様に幼児期（肛門期）のトラブルは肛門性格（頑固，几帳面，節約家）など．フロイトにおける性格の理解は，このように発達的な観点に基づいている．

第3節　人格検査

1．心理検査と人格検査

心理検査は，大きく分けると人格検査と知能検査に分けられる．ここでは知能検査には触れないが，人格検査の見たすべき基準はそのまま知能検査にも該当する．

2．心理検査の満たすべき基準

心理学や精神医学などで用いられている人格検査にはいくつかの基準があって，マスコミ等が提供している心理テストもどきとは一線を画している．もちろん，実際に使用されている心理検査すべてが，以下に述べた基準を完全に満たしているとはいいきれないが，少なくとも検査項目の作成や結果の解釈に関して，これらの基準を満たす努力がなされているといえる．

(1) 標準性があること．

心理学が使用している人格検査と週刊誌やテレビ番組などで見かける似非心理テストとの大きな違いは，項目の内容や測定の仕方の差というよりも，標準性における違いである．その検査が，すでに多くの被験者に対して実施されており，しかもそれらの結果が統計的な分析を受け，新たに受ける人の結果と比較検討することができるとき，その検査は標準性を持つといえる．

例えば，ある項目に対しての反応が「はい」であるとき，どう評価され採点されるかを「私と同じだから普通だ」といった採点者の主観に委せるのではなく，一般的な人の集団についての情報から決めるのである．仮にもしも１万人のうち「はい」と答える人がごく少数であった場合，明らかに変わった反応であるということが数値的に裏付けられる．

(2) 客観性があること．

人格検査は，手続き，結果の採点法，解釈の仕方などがあらかじめ決められていて，できる限り主観的な判断を排除するように工夫されていなければならない．施行の訓練を受ける必要はあるが，その条件を満たすものならば誰が行なっても，同様の結果を得られることが望まれる．この客観性は，先の標準性と関連し合っている．

(3) 妥当性があること．

その検査が本当に測定しようと意図しているものを測っているか否かも，重要な条件である．そのためには質問項目・採点法・解釈基準などが，測ろうとしてるものに対して適切であるということを，なんらかの外的な基準によって保証される必要がある．これが検査の妥当性である．

例えば，言語能力の検査として漢字の読み書きを調べることは常識的にも問題がないが，同じ検査の項目として１００メートル走のタイムを用いるのは妥当ではない，ということは明らかである．もちろん実際にはこのように自明であることは考えられないので，一般にはいくつかの別の検査と組み合せて結果を評価したりすることがなされている．

(4) 信頼性があること．

検査の信頼性とは，先の妥当性とも一部重複するが，さらにいくつかの条件がある．なかでも最も重要な信頼性は，同一条件下で同じ検査を繰り返した場合，いつでも同じ結果を得られるという反復信頼性である．

第４節　人格検査の分類

१．質問紙法

形式はいわゆるアンケート方式である．いくつかの質問項目が印刷された用紙（質問紙）を用いて，質問に対する回答をはい／いいえ，あるいは点数化して答えさせ，結果を

集計分析するやり方である．被験者の誤解や見栄，悪意による反応の歪みが問題になり易い形式であるが，質問項目の配置や虚偽反応検出法なども工夫されるようになっている．

例としては，

(1) YG（矢田部－ギルフォード）検査：先に述べたギルフォードの理論に基づき，矢田部らが日本人向けに構成したもの．120問の質問に対して，はい／いいえ／わからないで回答する．実施や結果の診断が容易なので，もっともよく用いられている．

(2) MMPI (Minnesota Multiphasic personality inventory, ミネソタ多面人格目録)：精神医学分野での臨床的な経験を蓄積して作られてきた検査法．

(3) EPPS (Edwards personal preference inventory, エドワーズ人格傾向目録)：マレーの性格理論に基づいて作られた．

質問項目	はい	わからない	いいえ
1. おとなしい方である	○	△	○
2. 陰気である	○	△	○
3. 人中にいるとだまっている	○	△	○
4. てきぱきと仕事をかたずける	○	△	○

1	2	3	4	5

E系統値　C系統値　A系統値　B系統値　D系統値

図6-3　YG性格検査プロフィール表

2．作業検査法

非常に単調であったり退屈な作業を長時間行なうと，一般に作業の能率が下がってくることが予測される．事実，これらの作業能率の変化には比較的単純な法則性に基づいたパターンがあることが知られている．作業検査法とは，これらの単調作業での能率変化を測定し，その結果を標準的なパターンと比較することで意志気質や性格特性，精神病理的診断を行なうやり方である．これの例としては，

(1)内田クレペリン作業検査：単調な一桁の加算を繰り返させるもの（図6-4）．

(2)ダウニー意志気質検査：止まらないように，かつまたできる限りゆっくりと破線を

結んでいくもの．

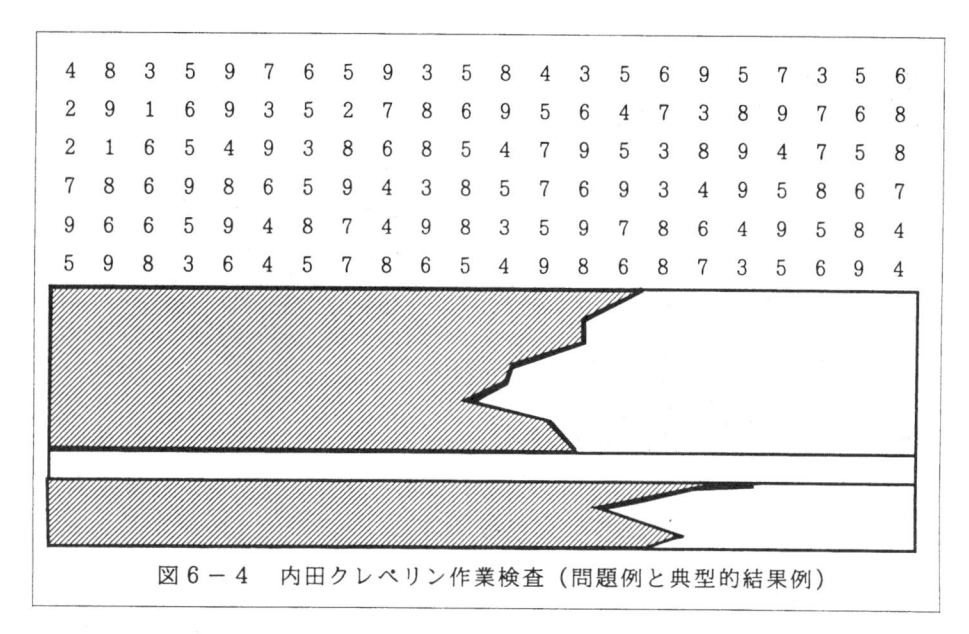

```
4 8 3 5 9 7 6 5 9 3 5 8 4 3 5 6 9 5 7 3 5 6
2 9 1 6 9 3 5 2 7 8 6 9 5 6 4 7 3 8 9 7 6 8
2 1 6 5 4 9 3 8 6 8 5 4 7 9 5 3 8 9 4 7 5 8
7 8 6 9 8 6 5 9 4 3 8 5 7 6 9 3 4 9 5 8 6 7
9 6 6 5 9 4 8 7 4 9 8 3 5 9 7 8 6 4 9 5 8 4
5 9 8 3 6 4 5 7 8 6 5 4 9 8 6 8 7 3 5 6 9 4
```

図6-4　内田クレペリン作業検査（問題例と典型的結果例）

3．投影法

　明確な意味を持たないあいまいな刺激を解釈する場合，それらの解釈は多分に被験者の内面を反映すると考えられる．投影法とは，この傾向を利用してごくあいまいな刺激を与えて自由に解釈させることで，検査を受ける人の動機や反応傾向といった内面を調べようとするやり方である．自己防衛的な反応を引き起こしにくいという利点を持つ．しかしながら質問紙法や作業検査法に比べると，標準性・客観性などが低くなり，検査実施や評価者の臨床経験や洞察に依存する程度が高くなる．

　なお投影（projection）は後に見るようにもともと精神分析の用語，自己の欲求を自分のものと認め難いために，他人が自分に対して持っているとすり替えて認識してしまう自我防衛の仕組を指している．投影法の投影はこれよりもっと広い範囲を含んだ概念である．投影法は，以下のように多くのものがある．

　(1) 主題統覚検査(Thematic Apperception Test, ＴＡＴ)：マレーが，動機づけの種類や強度の分析のために考案したもの（図6-5）．紙芝居のような,あいまいな場面の描かれている図版をみせて，これまでどうであったか，いま何をしているか，今後どうなるかという物語を構成させる．

　(2) ロールシャッハ検査：スイスの精神科医ロールシャッハが，人格成熟度，情緒の安定性などを測定するために考案した（図6-6）．インクブロットテストともいって,一枚の紙にインクなどを適当に散らばせて半分に折り畳み左右対称な無意味な図形を作り，

それが何に見えるかを聞く．

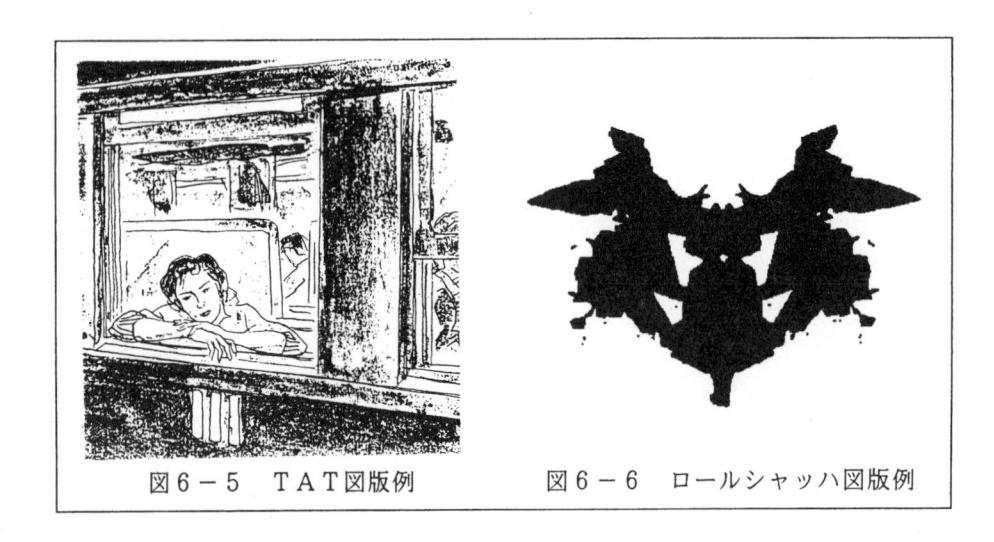

図6-5　TAT図版例　　　図6-6　ロールシャッハ図版例

　(3) バウムテスト：コッホが考案した，実のなる樹木を描画させる方法で，描画法の一種（図6-7例）．臨床的につくられた解釈基準によって，樹木の部位の描き方,形状などについての象徴的な解釈が行なわれる．筆跡学の象徴化説を取り入れている．

　(4) 絵画欲求不満検査(Picutre-Frustration Test，PFT)：ローゼンツバイクによって考案された（図6-8）．欲求不満を引き起こすような場面の図版にセリフをつけさせるもの．話題の焦点をどこに向けるかで，障害優位，自我防御，解決優位の3つの型に分け，さらにそれぞれの攻撃的傾向の方向を，他人に転嫁する外罰，自分のせいにする自罰，攻撃を胡麻かしたりうやむやにさせる無罰の3つの方向で，計9類型に分類する．

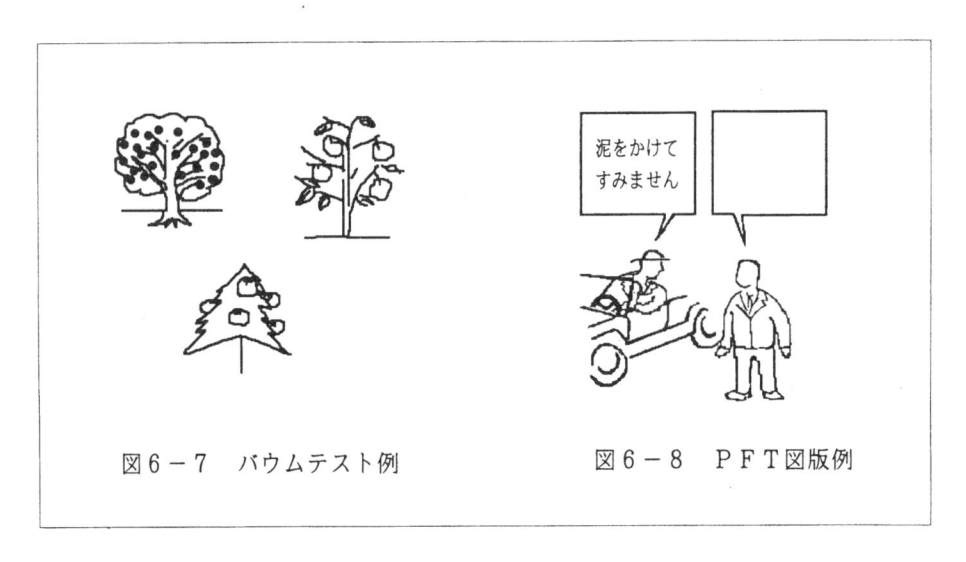

図6-7　バウムテスト例　　　図6-8　PFT図版例

(5) 文章完成検査(Sentence Completion Test, SCT)：「父は（　　）」,「私は,よく人から（　　）」のような不完全な文章を自由に補わせるもの.初めはエビングハウスが言語能力測定法として用いていたが,やがて人格検査として用いられるようになってきた.刺激文を多義的にする,できるだけ早く仕上げるように教示するといった工夫によって自己防衛的な選択を防ぐ工夫がされている.一般化された評定法は確定的でないため,採点者の臨床経験と洞察が要求される.

第5節　適応

1．適応とは

生体は,自分を取り巻く環境の変化に対応して行動し,ときには環境そのものも変えていくように努力する必要がある.この対応への過程を適応という.またこの努力が不適切であったり,病気などで失敗することは不適応を引き起こす.以下,適応のための自我防衛機制と不適応を引き起こす精神障害の分類を見て行く.

2．自我防衛機制

外界からの影響が自我を脅かすと,無意識的に以下のようなさまざまの防衛機制を働かせてその脅威から自分を守ろうとする.これらの仕組はいわば自我の安全弁である.健康な自我は無意識の安全弁で圧力を調整されると,実際に外界への適応の努力を再開する.しかし防衛機制に過剰に依存して適応をおろそかにするような不健康な自我であると,防衛機制はやがて破綻する.精神分析では,これらが神経症の原因であると考えている.

(1) 抑圧（repression）：危険な衝動や不道徳で超自我が許可できないようなイメージなどを意識下へ追放すること.意図的に押え込む抑制とは異なる.

(2) 転換（conversion）：抑圧された衝動が象徴的に身体症状として表れること.

(3) 反動形成（reaction formation）：抑圧されたものと正反対の傾向が態度で強調されること.

(4) 投影（projection）：自分の持つ抑圧された感情を,他者が持つとみなすこと.

(5) 同一視（identification）：ある対象の特性を自分にあてはめ,それと似た存在になることで,それを失った苦痛を防衛すること.

(6) 昇華（sublimation）：禁止されるある欲求を別の社会的に好ましいものに変えて発散すること.

(7) 合理化（rationalization）：自分の態度や行為に非難を受けないような説明や言い訳を与える.

(8) 置き換え（displacement）：受け入れ難い感情を，より受け入れやすいものへの感情に置き換えること．

(9) 逃避（escape）：不安を起こす状況や事象から安全なところへ逃げ出すこと．

3．精神障害の分類

(1) 神経症（neurosis）：神経症は精神障害のうち，より軽症のもので，不安がその原因となったものとされる．症状的に，

①不安神経症：漠然とした顕在的な不安が症状．
②強迫神経症：強迫観念（抑圧された感情があたかも他から強制されたように意識に上る現象）と強迫反応（例えば鍵を何度も確かめて見ないと満足できない）
③恐怖症：特定の対象への強い恐怖が症状．例えば，高所恐怖や群衆恐怖．
④転換反応症：不安の転換が起きて，身体的な症状が表れたもの．ヒステリーなど．
⑤神経症性うつ症：長いうつ状態が症状．

これらは合併して発症することもある．

(2) 精神病（psychosis）：精神病はもっとも重い精神障害で，中枢神経系における病変が原因とされる．症状的に，

①精神分裂病：幻覚，妄想，自閉などが主症状．自我は統一性をしだいに失い分裂状態になるので精神分裂病と呼ばれる．
②躁うつ病：過剰に活動的な躁状態と活動が不活発になるうつ状態とを交代で繰り返す，あるいはうつ状態のみが主症状．感情的な変化が大きいが，分裂病ほど自我の統一性が失われることはない．

精神病は中枢神経系の病変（これには神経伝達物質の過剰・不足といった機能異常も含む）が原因とされる．実際，精神病の治療には中枢神経系への薬理作用を持つ向精神薬が効果がある．これらの仕組は近年，薬理心理学の分野の発展でしだいに解明されつつある．

(3) 心身症（心理生理学的障害）

心理的な原因が主要な役割を果たしている身体的な疾病をいう．いわゆる仮病とは異なって本物の身体的な症状，例えば高血圧，潰瘍，ぜんそく，偏頭痛などが表われる．それらの原因が病原菌や器質的な原因ではなくて，心理学的なストレスと推測されるもの．

(4) 人格障害

非常に長期に渡り保持される極端な社会的不適応行動パターンをいう．例えば，薬物依存症やアルコール中毒，反社会的あるいは性的な異常行動が含まれる．患者自身はそれ

ほど強度の不安を覚えない点で神経症とは異なるし，知能障害や現実感の喪失もほとんど見られない点で精神病とも異なる（もっとも薬物依存やアルコール中毒が進行的に神経系の病変に至った場合は，妄想や幻覚など精神病症状を示すことになる）．

第6節 心理療法

心理療法は，環境へのより効果的な適応が可能になるように，精神的な障害を持つ患者の行動を変容させるための援助を目的とする技法である．技法による違いはあるにしても，すべての心理療法は基本的に，患者とセラピストの間の意志交換が行なわれると共通性を持っている．以下の心理療法の技法は，主に神経症に対してもっとも有効に用いられてきた．一般に精神病については，実施そのものが困難であることが多い．

1. 精神分析療法 (Psychoanalysis)

精神分析の基本は自由連想法である．この目的は，患者が気づいていなかったりあるいは通常気づくにいたらないような考えや感情を言葉にしたり，意識させたりすることである．これにより患者は深く抑圧されてきた考えや感情をだんだんと意識化できるようになる．そしてこの過程で患者は抵抗を示すようになる．抑圧されたものが表れかけたことを示すと言われる．セラピストは，患者をこの抵抗に打ち勝たせ，解釈を通じてより完全な自己理解へと導こうとする．つまらない連想と思われることの重要さを指摘したり，全く無関係であると思われた思考と患者の連想との間の関連性を指摘することで，連想を促進させるのである．

精神分析療法における症状の改善の過程は，カタルシス・主訴への段階的な洞察・葛藤とそれらに対する反応の再体験という段階で表れる．患者は抑圧された情動を自由に表出したり，あるいは強い情緒的な経験を思い出したりするとき，カタルシスと呼ばれる情緒的な清浄化を経験する．もちろんこれだけでは葛藤の原因は除かれない．次に患者は，だんだんと自分を知り，徐々に自分の葛藤の根源を理解するような洞察を得るのである．患者は自分の感情を理解し，感じなければならない．この洞察は単に知的なものではない．

さらに分析が進行すると，患者は，再体験と呼ばれる長い再教育の過程を経験する．同じ葛藤を，多くの状況でそれらがあらわれたように繰り返し繰り返し吟味することによって，患者は現実を拒否するのでなく，それらに対して，より成熟した効果的な方法で立ち向かうことを学ぶ．再体験によって，患者はもともとの葛藤場面への恐れに立ち向かうのにも十分強くなり，過度の不安なしで，それらに反応できるようになる．

このようにうまくいった精神分析は，患者が自分の問題に対して症状を再発させること

なしに，現実的な基盤に立って対処可能となり，さらにより豊かな人生を送ることを可能とするような，人格における深く安定した変容をもたらすのである．

2．来談者中心カウンセリング（client-centered counseling）
　　来談者中心（非指示的）カウンセリングは，ロジャースによって開発された治療法である．来談者中心とは，患者自身が洞察に到達し，解釈を形成することを目指していることを表す．非指示的ともいう．精神分析とは違い，来談者中心療法は，生育初期における経験についての患者の問題に関わろうとしない．患者の現在の行動に関わるだけである．
　　この療法はかなり簡単に記述することができるが，実際にはこれには非常に技術が要求されるし，ずっと微妙なものである．セラピストは，まず面接の性質を説明する．つまり問題を処理するのは患者自身の責任；いつでも止めるのは自由；この関係は個人的な信頼関係；患者は反論されないし他に漏らされる心配なく，内密の事柄を自由に話してよい．そしてセラピストは患者の話を聞きながら，患者の感情を明確にさせて，受容する．例えば，患者がいかに妻にうるさくされているか言ったならば，「奥さんがあなたを支配しようとしていると感じているのですね．」という．これは患者が表した感情を分類するのであり，評価したり助言してやることではない．
　　治療過程でよくみられるのは，患者が自分自身をかなり低く評価した状態で始まるが，やがて自分の問題に直面し，それらを解決できるような自分自身の知恵をよび起すと，自分をより積極的に評価するようになることである．
　　これらの変容は，患者が自分自身の価値と存在意義を感じるような雰囲気によって引き起こされる．雰囲気は技法の結果ではなく，人間はすべて自分の置かれた心理的な状況に対して，建設的に対処できるというセラピストの信念から自然に生じるという．そのためにセラピストは，患者自身の関わり方の枠組を自分のものとして取り上げ，患者が問題点をみるのと同様に，しかもそれらに感情的に巻き込まれることなしに見ようとしなければならない．治療の効果をあげるためには，患者の変化は感情における変化でなければならず，単なる理知的な理解における変化であってはならないとされる．

3．行動療法（Behavior Therapy）
　　行動療法は精神分析やカウンセリングとは異なり，異常行動それ自身を重視する．学習理論に基づく技法を用いることで，行動を変容させることに焦点をおき，なぜそうなったのかを問題にしない．心因性の精神障害は学習されたもので，古典的条件づけやオペラント条件づけなどの実験的研究から得られた技法によって，消去したり，またはより適応

的な反応に置き換えたりすることができると考えるのである．これには多くの技法が開発されている．以下，代表的な技法を挙げる．

(1) 系統的脱感作法（Systematic Desensitization）

逆条件づけの原理を採用したもの．不適応的反応は，拮抗する反応を徐々に強化することにより，弱められ除去される．漸進的筋弛緩法や催眠暗示や静穏剤を同時に与えながら用いる．例えば，高所恐怖をしだいに高所に昇るイメージ訓練によって克服させるなど．

(2) 主張訓練（assertive training）

同じく逆条件づけを採用し，不安に対する拮抗反応として主張的・接近的反応を強化するやり方．例えば，何か頼まれて断りたいのに不安が妨げてしまうために，対人関係において不適応を感じる場合，「いやだ」という主張反応を訓練しリハーサルすることで，不安を減らし適応的に行動できるようにするなど．

(3) 嫌悪条件づけ（aversive conditioning）

不適切な行動そのものを除去するのに罰を用いるやり方．例えば，アルコール中毒の治療に催嘔吐剤（飲酒すると気分が悪くなる）を対にしたりなど．しかし一般に，罰による反応の抑制は問題を完全には解決しないので，さらに適切な反応を自発させることをも訓練する必要がある．例えば，飲酒以外に不安を減らす方法を教えることを付け加えるなど．

(4) モデリング（modeling，観察学習）

高等な行動の効果的な獲得訓練としてモデリングを用いるやり方．獲得させたい行動をするモデルに報酬を与えることを観察させるのである．例えば，人前に立つ恐怖を持つ人に，舞台でうまくやって喝采を受けるモデルを観察させるなど．

(5) トークンエコノミー法（token economy）

オペラント条件づけによる二次強化を利用するやり方．望ましい行動を形成するのに，報酬を用いるのは効果があるが，食物では満腹のときには強化ができない．そこで，食物と二次的に条件づけた報酬（トークン，つまり代用貨幣）を学習させて，これを用いる．

【デモ実験】 エゴグラムの測定

1．背景

エゴグラムとは，アメリカの医師J．デュセイによって作られたものであり，E．バーンが1957年に提唱した交流分析のやり方に基づくものである．その他の心理検査や精神分析と比較して簡便で扱いやすいため，心療内科などの臨床現場では，自律訓練法や行動療法と並んで，心身症の治療の一助として近年よく使われるようになってきた．理論的な背景はバーン独自のものであるが，精神分析の流れを汲んでいるので，精神分析の簡易版などという人もある．

もちろんその結果の解釈・利用には，交流分析を知る専門家の援助が必要であるが，ここでは測定を体験することに主眼を置き，解釈はごく簡単に説明するに止める．

2．目的

質問紙法を体験するとともに，エゴグラムを測定する．結果として得られた自我特性のパターンに基づき，各自の対人特性を考察する．

3．方法

用具

50問のエゴグラム測定用質問項目リスト．記録用紙には巻末のレポートシートを用いる．

手続き

各質問に対して，はい(○)，いいえ(×)，どちらともつかない(△)のどれかを記録用紙の各番号の欄につける．できる限り，○か×で答えること．

質問項目リスト

(1) 人をさえぎって自分の考えを述べることがある
(2) 他人に対し思いやりの気持ちが強い
(3) 自分の損得を考えて行動する方である
(4) 自分をわがままと思う
(5) 思ったことを口にだせないたちである
(6) 他人をきびしく批判する方である
(7) 義理と人情を重視する
(8) 会話で感情的になることは少ない
(9) 好奇心が強い方である
(10) 人から気に入られたいと思う
(11) 待合せ時間は厳守する
(12) 相手の長所によく気がつく方である
(13) 物事を分析的によく考えてから決める
(14) 娯楽，食べ物など満足するまで求める
(15) 遠慮がちで消極的な方である
(16) 理想を持って，その実現に努力する
(17) 他人から頼まれたら嫌とはいえない方だ
(18) 他人の意見は賛否両論を聞き参考にする
(19) 言いたいことを遠慮なく言ってしまう
(20) 自分の考えを通すより妥協することが多い
(21) 社会の規則，倫理，道徳などを重視する
(22) 子どもや他人の世話をするのが好きだ
(23) 何事も事実に基づいて判断する
(24) 欲しい物は手に入れないと気が済まない
(25) 他人の顔色や言うことが気にかかる
(26) 責任感を強く人に要求する
(27) 融通がきく方である
(28) 情緒的というより論理的な方である
(29) 「わぁ」，「へー」など感嘆詞を良く使う
(30) 辛いときには，我慢してしまう方である
(31) 小さな不正でも，うやむやにしない
(32) 子どもや部下の失敗に寛大である
(33) 物事の決断を苦労せずにすばやくできる
(34) 直感で判断する方である
(35) 他人の期待にそうよう過剰な努力をする
(36) 子どもや部下をきびしく教育する
(37) 相手の話に耳を傾け，共感する方である
(38) 能率的にテキパキと仕事を片付ける

(39) 興に乗ると度を越しはめを外してしまう
(40) 自分の感情を抑えてしまう方である
(41) 権利を主張する前に義務を果たす
(42) 料理，洗濯，掃除が好きな方である
(43) 将来のことを冷静に予測して行動する
(44) 怒りっぽい方である
(45) 劣等感が強い方である
(46) 「〜すべきだ」という言い方をよくする
(47) 社会奉仕的仕事に参加することが好きだ
(48) 身体の調子の悪いときは，無理を避ける
(49) 涙もろい方である
(50) 今の自分は本当の自分らしい自分と違う

4．結果の整理

○を2点，△を1点，×を0点として，縦列10問ずつの合計得点を出して，グラフに黒丸で記入する．そしてそれを折れ線グラフのようにつなぐ．これがあなたのエゴグラム（自我特性のパターン）である．

5．エゴグラムについて

バーンは自我状態を5つに分類し（CP, NP, A, FC, AC），それぞれの特性の強さとバランスが，その人らしさを表すと考えた．

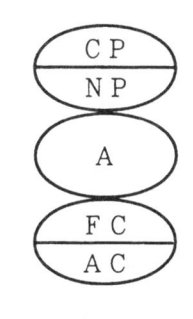

自我状態をそれぞれ個別に見ると，

CP (critical parent) は，父親的な批判的な心の特性の強さを表す．利点になると，道徳的，理想への欲求，規則を守る．欠点になると，ワンマン，厳しすぎる，批判的すぎる．

NP (nurturing parent) は，母親的な思いやりの心の特性の強さを表す．利点になると，思いやりや配慮がある，暖かく受容的，親切．欠点になると，過保護，過干渉，度過ぎた親切．

A (adult) は，理性的な大人の心の特性の強さを表す．利点になると，客観的，決断力，工夫にみち，鋭い．欠点となると，人情味に欠ける，冷淡，残忍，事実優先．

FC (free child) は，自由な子どもの心の特性の強さを表す．利点となると，天真らんまんで明朗，直観力，好奇心，積極性．欠点となると，わがまま，自己中心的，衝動的．

AC (adapted child) は，順応した子どもの心の特性の強さを表す．利点となると，素直，大人しい，適応的，協調的．欠点となると，依存的，自閉的，反抗的，自信喪失．

理想的な5つのバランスは，NP＞A＞CP＝FC＞AC．基本的には大きな凸凹がないのが望ましいパターンであるという．

6．考察

前項エゴグラムについてを読んで，各自のエゴグラムの特徴を要約しなさい．また普段の自分を観察して見られる各自の対人関係における特性を考察しなさい．

なおレポートのためあるいは興味があるのでさらに詳しく知りたい場合には，以下の参考文献に当たって欲しい．

【参考文献】

桂戴作(1986) 自己発見テスト 講談社文庫
　：解説・エゴグラム項目を引用
芦原睦(1992) 自分がわかる心理テスト
　講談社ブルーバックス
　：エゴグラムタイプ別の解説が詳しい．
深沢道子監訳(1992) スチュアート・
　ジョインズ著　TA TODAY−最新・
　交流分析入門 実務教育出版
　：交流分析の説明が詳しい

参考・引用文献

芦原睦　1992　自分がわかる心理テスト　講談社ブルーバックス

Bandura, A.　1965　モデルの強化随伴性が模倣反応に及ぼす効果　バンデューラ（原野広太郎・福島修美訳）　1975　モデリングの心理学　金子書房

Bartlett, F.C.　1932　Remembering. Cambridge University Press.

Bowlby, J.（黒田実郎訳）　1976　母子関係の理論Ⅰ－愛着行動　岩崎学術出版

Collins, A. & Quillian, M.R.　1969　Retrieval time from semantic memory. Journal of Verbal Learning and Verbal Behavior, 8, 240-247.

Craik, F.I. & Lockhart, R.S.　1972　Levels of processing: A framework for memory research. Journal of Verbal Learning and Verbal Behavior, 11, 671-684.

Ebbinghaus, A.N.（宇津木保訳）　1978　記憶について：実験心理学への貢献　誠信書房

Gesell, A. & Thompson, H.　1929　Learning and growth identical twins. Genetic Psychology Monographs, 6, 1-124.

Godden, D.R. & Baddeley, A.D.　1975　Context-dependent memory in two natural environments: On land and underwater. British Journal of Psychology, 66, 325-332.

Harlow, H.F.　1958　The nature of love. American Journal of Psychology, 13, 673-685.

Hochberg, J.E.（田中良久訳）　1973　知覚（現代心理学入門7）　岩波書店

福田幸男　1991　新訂増補心理学　川島書店

今田恵　1978　心理学史　岩波書店

石井澄生・松田淳之助（編著）　1992　発達心理学　ミネルヴァ書房

Jenkins, J.G. & Dallenbach, K.M.　1924　Obliviscence during sleep and waking. American Journal of Psychology, 35, 605-612.

桂戴作　1991　自分発見テスト－エゴグラム診断法　講談社文庫

小谷津孝明（編）　1982　記憶Ⅰ　東京大学出版会（現代基礎心理学4）

Kretschmer, E.（相場均訳）　1960　体格と性格　文光堂

Liebert, R.M. et al.（村田孝次訳）　1978　発達心理学上・下　新曜社

Mayer, R.E.（多鹿秀継訳）　1990　認知心理学のすすめ　サイエンス社

Miller, N.E. & Dollard, J. 1941 Social Learning and imitation. Yale University Press.

村田孝次 1987 四訂版 教養の心理学 培風館

大山 正（編） 1982 視覚の心理 日経サイエンス社（別冊サイエンス）

Portmann, A.（高木正孝訳） 1960 人間はどこまで動物か 岩波新書

Reynolds, G.S. 1975（浅野俊夫訳） 1978 オペラント心理学入門－行動分析への道 サイエンス社

斎藤 勇 1990 図説心理学入門 誠信書房

佐々木正伸（編） 1982 学習Ⅰ－基礎過程 東京大学出版会（現代基礎心理学5）

佐藤方哉（編） 1982 学習Ⅱ－その展開 東京大学出版会（現代基礎心理学6）

Stewart, I. & Joines, V.（深沢道子監訳） 1991 ＴＡ ＴＯＤＡＹ－最新・交流分析入門 実務教育出版

昇地三郎（監） 1987 新教育心理学 ナカニシヤ出版

高野清純・林邦雄（編） 1975 図説児童心理学事典 学苑社

時実利彦 1962 脳の話 岩波新書

Tolman, E.C. & Honzic, C.H. 1930 Introduction and removal of reward and maze performance in rats. University of California Publications in Psychology, 4, 257-275.

Tulving, E. & Pearlstone, Z. 1966 Availability and accessibility of information in memory for words. *Journal of Verbal Learning and Verbal Behavior*, 5, 381-391.

梅津八三・相良守次・宮城音弥・依田新（監） 1981 新版心理学事典 平凡社

Watson, J.B.（安田一郎訳） 1968 行動主義の心理学 河出書房

Woodward, A.E., et al. 1973 Recall and recognition as a function of primary rehearsal. *Journal of Verbal Learning and Verbal Behavior*, 12, 608-617.

吉田正昭 1983 心理学史から サイエンス社

事項索引

ア行

愛着	53, 58
愛着行動	58
アルコール中毒	68
安心感	53
暗順応	19
一般型	50
ＥＰＰＳ	64
意識なき心理学	14
意識の心理学	13
維持（一次）リハーサル	41
依存	57
意味記憶の階層構造モデル	42
陰影	24
因子分析	61
隠蔽記憶	45
ウェーバーの法則	19
ウェーバー比	19
不安神経症	68
内田クレペリン作業検査	64
運動視差	25
エゴグラム	72
エス	15, 62
Ｓ−Ｒ説	14, 30
ＳＣＴ	67
ＳＤ	28
ＭＭＰＩ	64
大きさの遠近法	24
置き換え	68
オペラント条件づけ	29, 32, 70

カ行

絵画欲求不満検査	66
階段登り研究	54
快のシンボル	57
家系研究	54
仮現運動	14, 23
重なり	24
カタルシス	69
カタルシス説	37
カテゴリー手掛かり	42
構え	19
カリカック家研究	54
感覚	17
感覚記憶	39
感覚情報保存	39
環境の二重性	17
観察学習	36
観察法	11
干渉説	44
外向性	60
外罰	66
学習	29
眼球運動説	20
客観性	63
強化	30
強化スケジュール	33
強迫神経症	68
恐怖症	68
記憶	39
気質	59
記銘	39
きめの勾配	24
近接の要因	22
逆向抑制	44
群化の法則	22
経験論哲学	13
経験説	53
系統的脱感作法	71

嫌悪条件づけ	71
検索失敗	45
ゲシュタルト心理学	14
効果の法則	30
好奇心	53
口唇性格	62
構成主義	13
行動	9
行動科学	14
行動主義	13, 30, 55
行動療法	32, 70
肛門性格	62
個性	59
古典的条件づけ	30, 70
合理化	67

サ行

錯覚	18
再学習法	43
再現	39
再構成	42, 43
再生	41, 42
再体験	69
再認	41, 42
サイン-ゲシュタルト説	29, 35
作業検査法	64
錯視	20
就巣性	51
主観的等価値	27
主題統覚検査	65
主張訓練	71
昇華	67
消去	31
消去抵抗	34
焦点距離調節	24
処理水準仮説	41
子宮外胎児期	52

刺激	30
刺激閾	18
刺激頂	18
試行錯誤	29
自然条件反射	31
質問紙法	63
神経型	50
神経症	68
神経症性うつ症	68
新行動主義	14
信号行動	58
心身症	68
心的装置	62
信頼性	12, 63
心理学	9
心理検査	62
心理療法	69
純粋ファイ現象	14
順応	19
条件刺激	31
条件性情動反応	31
条件づけ	30, 56
条件反射	31
条件反射説	13
実験法	11
自我	15, 62
自我防衛機制	67
自動運動	23
自発的回復	31
自発反応	32
自罰	66
自由連想	15
自律神経系	31
事例研究法	12
人格	59
人格検査	11, 62

人格障害	68		注意	19, 40
推測統計学	12		長期記憶	41
スキナー箱	32		調査法	11
スキンシップ	58		超自我	15, 62
接近行動	58		知覚	17
接触欲求	57		知能検査	62
性格	59		ＴＡＴ	65
生殖型	50		定位行動	58
精神病	68		定時間強化	33
精神分析	15, 69		定率強化	33
精神分裂病	68		適応	67
成長	49		テスト法	11
成長速度曲線	49		転換	67
精緻化（二次）リハーサル	41		転換反応症	68
生得説	53		天才家系研究	54
生理的早産	51		トークンエコノミー法	71
節約率	43		投影	65, 67
セラピスト	69		投影法	65
線遠近法	24		逃避	68
潜在学習	36		特性論	61
舌端現象	45		同一視	67
ゼイガルニイク効果	45		動機づけ	34, 45
躁うつ質	60		道具的条件づけ	32
躁うつ病	68		洞察	69
双生児比較法	54		洞察説	29, 35
総体的行動	10			

タ行

ナ行

体型による類型化	60		内観法	13
多段階（３段階）モデル	39		内向性	60
タブラ・ラサ	13		２次就巣性	51
短期記憶	40		認知	17
代理母親実験	57		認知説	29, 35
ダウニー意志気質検査	64		認知地図	36
妥当性	12, 63		粘着質	60
チャンキング	40			

ハ行

チャンク	40
発達	49
発達加速現象	51

- 78 -

発達課題	49
発達段階	49
発達予定説	55
反動形成	67
反応	30
バウムテスト	66
標準性	12, 62
ＰＳＥ	27
ＰＦＴ	66
ファイ現象	23
フェヒナーの法則	20
輻輳（フクソウ）説	56
分化と統合	49
文章完成検査	67
分子的行動	10
文脈	42
分裂質	60
プレグナンツの法則	22
プロフィール	61
閉合の要因	22
変動時間強化	33
変率強化	33
ベータ運動	23
弁別手掛かり	33
保持	39
忘却	44
忘却曲線	43

マ行

無意識	15
無意味つづり	43
無条件刺激	31
無罰	66
明順応	19
網膜誘導場説	20
モダリティ	18
モデリング	36, 71

模倣説	37

ヤ行

ヤーキーズ・ドッドソンの法則	34
薬物依存症	68
役割性格	59
矢田部－ギルフォード性格検査	61, 64
誘因	35
誘導運動	23
よい形の要因	22
よい連続の要因	22
抑圧	45, 67

ラ行

来談者中心カウンセリング	70
ラポール	11
ランダムドット・ステレオグラム	25
両眼視差	25
両眼輻輳	24
立体視図	25
立体視説	20
力学的場理論	15
離巣性	51
リハーサル	41
リビドー	15, 62
臨界期	55
リンパ型	49
類型論	60
類同の要因	22
レスポンデント条件づけ	31
連合説	29
練習の法則	30
連続強化	33
ロールシャッハ検査	65

人名索引

アードラー	15		バートレット	43
アトキンソン&シフリン	39		バーン	72
アリストテレス	12		バンデューラ	36
ウェーバー	19		パヴロフ	13, 30
ウッドワード	41		ヒデン	41
エビングハウス	12, 43		フェヒナー	19, 20
オールポート	59		フロイト	15, 45, 55, 62
ガニエ	30		ホイートストーン	25
ギルフォード	61, 64		ボウルビー	58
クレイク&ロックハート	41		ポルトマン	51
クレッチマー	60		マッコーネル	41
ケーラー	14, 29, 35		マレー	64, 65
ゲゼル	54		ミュラー・リヤー	20
ゲゼル&トンプソン	54		ミラー, G.A.	40
コッホ	66		ミラー, N.E.&ダラード	36
コフカ	14		ユング	15, 60
コリンズ&クゥリアン	42		ローゼンツバイク	66
ゴールトン	54		ロールシャッハ	65
ゴッダード	54		ロジャース	70
ゴッデン&バッデレイ	43		ロック	13
シアーズ	56		ワトソン	13, 30, 55
シュテルン	56		ヴェルトハイマー	14, 22, 23
ジェンキンス&ダレンバック	44		ヴント	13
スキナー	29, 30, 32			
スキャモン	49			
ゼイガルニイク	45			
ソーンダイク	29, 30			
ターマン	54			
タルヴィング&パールストン	42, 46			
デカルト	13			
デュセイ	72			
トールマン	29, 35			
ハーロウ	57			
ハヴィガースト	49			

心理学レポートシート   Code

題目 『錯視量に及ぼす矢羽の挟角の効果』

2章 知覚デモ実験：主観的等価値の測定

学科	入学年	番号	フリガナ 氏 名

個 別 記 録 表

※1：測定値は，mm単位で，小数第1位まで読み取って記録する(例 65.1など)．
※2：測定前に設定欄と角度順番を手順に従って記入する(例 右短　左長など)．

実験日時	年　月　日（　：　〜　：　）	実験者氏名	

順序	設　定	□ 15度	□ 30度	□ 60度
1				
2				
3				
4				
5				
6				
7				
8				

平均値			
S D			

内省報告欄　　気付いたことなどを，測定終了直後に被験者が記入すること．

全体の測定値（次回発表するので，そのとき転記せよ）

平均値			
S D			

結　　果

各自および全体の平均値をそれぞれ図1に記入後，図から読み取れることを記せ．

① _____

② _____

③ _____

まとめると，矢羽の挟角とPSEには，どのような関係があるといえるか．

_____

_____

考　　察

① 挟角が45度，90度のときにはPSEはどうなると予測できるか．

_____

_____

② 全体の平均値の傾向と自分の測定値を比較して考察せよ．

_____

_____

③ 矢羽の挟角とPSEの関係がどのように生じるのか説明を試みよ（文献引用でも可）．

_____

_____

_____

_____

参考・引用文献

反省・感想

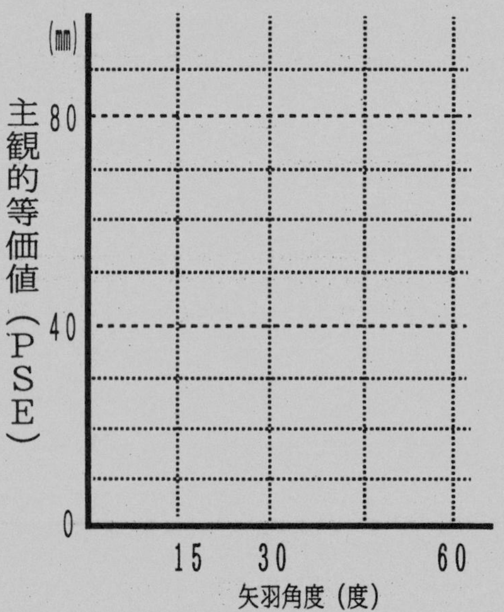

図1　矢羽挟角とPSEの関係

心理学レポートシート　　　　　　　　　　　　　　　　Code

題目　『部分報告法による直接記憶範囲の測定』
　　　　　　　　　　　　　　　4章　記憶デモ実験：感覚記憶

学科	入学年	番号	フリガナ 氏　名

個別記録表

実験日時	年　月　日（　：　～　：　）	採点者氏名	
実験条件	全報告　・　部分報告	被験者班	

試行	再生文字（順不同可；全報告条件9文字以内，部分報告条件3文字以内）		
1			
2			
3			
4			
5			
6			
7			
8			
9			
10			

正再生文字数		直接記憶範囲	

内省報告欄　　気付いたことなどを，測定終了直後に被験者が記入すること．

結　　　果

班別記録表

条件	1	2	3	4	5	6	7	8	9	10	平均	SD
全報告												
部分												

① 直接記憶範囲の各自の値および班の平均値について結果を要約せよ．

② 班平均値について，条件間の違いの結果を要約せよ．

考　　　察

① 条件間の違いがあるとすると，なぜ異なるのかの説明を試みよ．

② 部分報告条件で弁別音を提示した理由を説明せよ．

③ 強調文字などを凝視した後に見られる残像現象と感覚記憶の違いを文献で調べよ．

参考・引用文献

反省・感想

心理学レポートシート

題目 『再現に及ぼすカテゴリー手掛かりの効果』

4章 記憶デモ実験：再生と再認

Code

学科	入学年	番号	フリガナ 氏　名

個別記録表

実験日時	年　月　日（　：　～　：　）	採点者氏名	
実験条件	手掛かりあり（C）・手掛かりなし（NC）	被験者班	

再生記録表（思い出した順に記入していくこと）

1	2	3	4	5
6	7	8	9	10
11	12	13	14	15
16	17	18	19	20
21	22	23	24	25
26	27	28	29	30
31	32	33	34	35
36	37	38	39	40
41	42	43	44	45
46	47	48	49	50

手掛かり提示後再生記録表（NC条件の人のみ，思い出した順に記入していくこと）

1	2	3	4	5
6	7	8	9	10
11	12	13	14	15

条件	再生単語数	正	誤
	手掛かり提示後 再生単語数		

記憶方略の自己評定値（%単位で記入）

1	2	3	4	5
6	7	8	9	10

内省報告欄　　気付いたことなどを，測定終了直後に被験者が記入すること．

結　　果

群別平均値表	人数	正再生数	誤再生数	手掛かり提示後 正再生数	手掛かり提示後 誤再生数
NC条件					
C条件					

結果を図1に記入後，その図から読み取れることを箇条書きで記せ．

① _____

② _____

③ _____

考　　察

①手掛かり再生（C）群と手掛かりなし再生（NC）群とで，正再生単語数に違いが見られるか．あるとすれば，それはなぜかの説明を試みなさい．

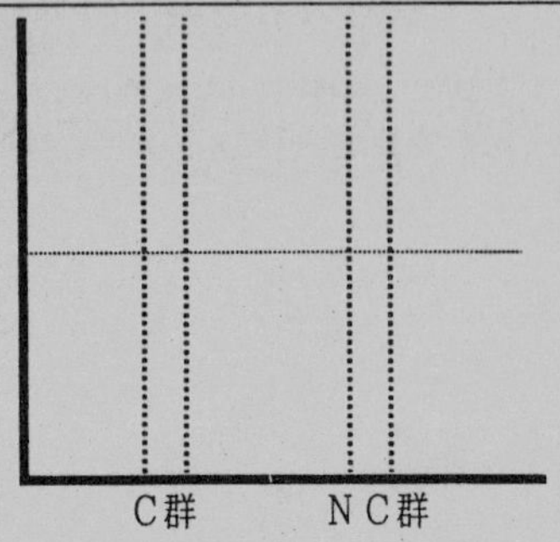

_____
_____
_____
_____

図1　平均正再生数（C群　NC群）

②手掛かり再生（C）群と手掛かりなし再生（NC）群とで，誤再生単語数に違いが見られるか．あるとすれば，それはなぜかの説明を試みなさい．

_____
_____
_____

③NC群でカテゴリー手掛かりが与えられた後の再生単語数について，考察しなさい．手掛かり以前の再生単語数と合計して，C群との比較も試みなさい．

_____
_____

④記憶方略の違いは条件による再生単語数の差と関連しているだろうか．

_____
_____

参考・引用文献

_____
_____

反省・感想

_____
_____
_____

心理学レポートシート　　　　　　　　　　　　　　　　Code

題目　『エゴグラムの測定と対人特性の考察』
　　　　　　　　　　　　6章 人格デモ：エゴグラムの測定

学科	入学年	番号	フリガナ 氏　名

個 別 記 録 表

実験日時	年　月　日（　：　～　：　）	採点者氏名

エゴグラムテスト記録表

1	2	3	4	5
6	7	8	9	10
11	12	13	14	15
16	17	18	19	20
21	22	23	24	25
26	27	28	29	30
31	32	33	34	35
36	37	38	39	40
41	42	43	44	45
46	47	48	49	50

CP	NP	A	FC	AC

考察

①各自のエゴグラムの特徴を要約しなさい．またその特徴と普段の自分の対人関係の特性の関係を考察せよ．

参考・引用文献

反省・感想

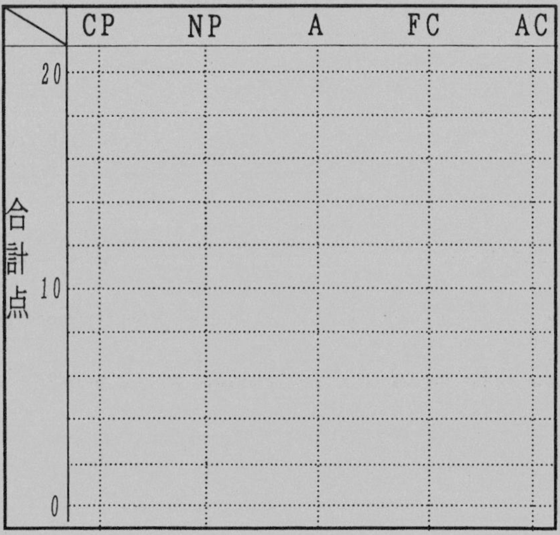

図1　エゴグラム

■著者紹介

堤　幸一（つつみ　こういち）
　　東京教育大学教育学部心理学科卒業
　　筑波大学大学院博士課程心理学研究科卒業
　　教育学博士
　　現在　就実短期大学幼児教育保育学科教授

新版
初歩の心理学

1992年4月10日　初　版第1刷発行
2014年4月1日　第2版第9刷発行

■著　　者────堤　幸一
■発 行 者────佐藤　守
■発 行 所────株式会社　大学教育出版
　　　　　　　　〒700-0953　岡山市南区西市 855-4
　　　　　　　　電話 (086)244-1268㈹　FAX (086)246-0294
■印刷製本────サンコー印刷㈱
■装　　丁────ティーボーンデザイン事務所

Ⓒ Koichi Tsutsumi 1992, Printed in Japan
検印省略　　落丁・乱丁本はお取り替えいたします。
無断で本書の一部または全部を複写・複製することは禁じられています。

ISBN978－4－88730－117－7